Segredos do Sacerdócio

SEGREDOS DO SACERDÓCIO

Como abrir, fundamentar e liderar um terreiro de Umbanda

Alan Barbieri

Todos os direitos reservados © 2019

É proibida qualquer forma de reprodução, transmissão ou edição do conteúdo total ou parcial desta obra em sistemas impressos e/ou digitais, para uso público ou privado, por meios mecânicos, eletrônicos, fotocopiadoras, gravações de áudio e/ou vídeo ou qualquer outro tipo de mídia, com ou sem finalidade de lucro, sem a autorização expressa do autor.

Revisão e organização do texto: Isabelle Barbieri Camossatto

Catalogação na Publicação (CIP)

B236s	Barbieri, Alan, 1985-
	Segredos do sacerdócio: como abrir, fundamentar e liderar um terreiro de Umbanda / Alan Barbieri – 1ª ed. – São Paulo: Arole Cultural, 2019.
	224 p.
	ISBN 978-65-806370-0-3
	1. Umbanda. 2. Espiritualidade. 3. Religiões Afro-brasileiras. I. Título.
	CDD 290
	CDU 299

*O grande líder é aquele que
está disposto a desenvolver as pessoas
até o ponto em que elas eventualmente
o ultrapassem em seu conhecimento e habilidade.*

Fred A. Manske

Dedicatória

Uma das coisas que aprendi desde o começo da minha vida é que ninguém faz nada sozinho, portanto dedico esse livro ao Exu das Matas, ao Pai Joaquim de Aruanda e todos os Guias que me acompanham por terem pacientemente me ensinado os verdadeiros princípios da Umbanda e construído valores que levarei por toda a vida.

À minha irmã Laura Barbieri, por ter me apresentado a religião em um dos momentos mais difíceis da minha vida; à minha mãe Sandra Barbieri pelo incentivo e amor de sempre e à minha esposa Aline Bravin por ter sido essencial em todos os momentos antes, durante e depois da construção desse material.

Peço a benção à mãe Marina, que me acolheu em seu terreiro por anos como filho espiritual, ao sêo Tupiará pelo amparo, ensinamentos e inspiração e, em especial, à Maria Mulambo, por toda as palavras que me disse na minha primeira visita ao terreiro.

Peço a benção à Iyalorixá Monica Berezutchi que generosamente me ajudou nessa jornada, junto ao mestre Exu Tiriri e toda a espiritualidade do Templo da Luz Dourada.

Aos filhos espirituais, amigos e irmãos do Templo Escola Casa de Lei, me sinto honrado de poder chamar essa família de minha!

E a todos que de alguma forma contribuíram na minha missão, gratidão por tudo!

Sumário

Parte 1 O chamado para o Sacerdócio.................. **19**
    O seu propósito de vida 20
    Escolha o seu propósito 26
    O chamado para o sacerdócio 30
    Nem sempre agora é a hora.. 34
    De quem é o desejo?.. 37

Parte 2 Assumindo a responsabilidade.................. **41**
    O que é o sacerdócio... 42
    O sacerdote de Umbanda... 45
    Responsabilidade religiosa 48
        1- Ser líder e gerir pessoas 50
        2 - Estudar constantemente 51
        3 - Promover estudos dentro do terreiro...................... 51
        4 - Aprender a comunicar-se adequadamente 52
        5 - Conhecer em detalhes os fundamentos.................. 53
        6 - Conduzir os trabalhos com responsabilidade........... 54
        7 - Zelar pelos médiuns e pela espiritualidade de todos . 54

8 - Determinar as regras que devem ser seguidas........... 55

9 - Ministrar sacramentos... 56

10 - Desenvolver e doutrinar a mediunidade dos médiuns 58

11 - Intervir em casos de obsessão espiritual e magias negativas... 59

12 - Despertar e fortalecer a fé das pessoas e nas pessoas 59

13 - Representar a Umbanda com respeito e dignidade. 60

Responsabilidade ética e moral 62

Busque ser melhor, mas cuidado com a perfeição 67

Ser um bom filho para ser um bom pai 70

A preparação e iniciações necessárias 73

Estudos essenciais para um dirigente 77

O cuidado com a própria espiritualidade............................ 82

O momento certo para abrir um terreiro 85

Faça isso antes de abrir publicamente os trabalhos 89

PARTE 3 A ABERTURA DO TEMPLO....................91

Reconhecendo os mentores e responsáveis espirituais.......... 92

Definindo a doutrina e a fundamentação 97

Escolhendo e preparando o espaço físico que sediará o terreiro 100

    Limpeza do solo..104

    Queima de fundanga 104

    Defumação..106

Fundamentação da Tronqueira 108

    Localização..110

    Montagem...111

    Firmezas necessárias 112

Fundamentação do Congá 114
  Altar do terreiro (Congá, Gongá ou Pegí)......................115
  Um ponto de apoio para encarnados e desencarnados....116
  Preparação 117
  Os quatro pilares energéticos que fundamentam um altar
  de Umbanda 118
    Energia Mineral: otá, cristais, pemba 118
    Energia Vegetal: folhas, flores, frutas, raízes, sementes,
    cascas, bebidas, fumo, incenso e defumadores 119
    Energia ígnea: velas 120
    Energia aquática: águas, bebidas 120
  Simetria 121
  Montagem 122
  Manutenção 123
  Elementos de apoio 123
  Altar caseiro: ótima indicação para os filhos espirituais.124
    Localização 124
    Individualidade e respeito 125
    Modelos 125
  Para manter o axé sempre ativo e pulsante 126
  Firmezas, assentamentos e oferendas necessárias 126
    O Assentamento 127
    A Firmeza 129
    As Oferendas 131

PARTE 4 A LITURGIA 135
  Estabelecendo o ritual e a liturgia 136
    Preparação 138
    Abertura 139

Sustentação 139
Ritual 140
Encerramento 141
Sacramentos e consagrações 143
Batismo de crianças 144
Cerimônia de Casamento 150
Amaci de Oxalá 160
    Para que serve o ritual? 160
    Quando deve ser feito? 162
    Qual o preparo e preceito necessários? 163
    O que os filhos precisam providenciar? 163
    Amaci de Pai Oxalá 165

PARTE 5 A MANUTENÇÃO 169

A entrada de novos médiuns para a casa 170
Nomeando cargos, funções e responsabilidades 181
Como promover estudos entre os médiuns 185
  A história e aprendizados do próprio sacerdote e dos médiuns 186
  Estudos sobre os porquês do próprio terreiro 187
  Estudos através de livros 188
  Debates baseados em vídeos disponíveis na internet 188
  Grupos de estudo 189
  Cursos e Workshops 189
Como manter financeiramente o terreiro 190
  Cantina 192
  Loja 192
  Rifa 192
  Eventos internos 193
  Contribuição mensal dos integrantes 194

SEGREDOS DO SACERDÓCIO

Cursos 194
Palestras 195
Jogos oraculares 195
Doação espontânea dos frequentadores 196
Problemas comuns e como evitá-los 198
Vaidade e egocentrismo exacerbados 200
Minha experiência 200
Relações abusivas e repressão 201
Minha experiência 202
Fofoca 202
Minha experiência 203
Mistificação 204
Minha experiência 206
Falta de comprometimento 206
Minha experiência 207
Desrespeito às regras estipuladas 208
Minha experiência 209
Envolvimento afetivo entre os filhos 209
Minha experiência 210
Palavras finais 211
Posfácio 2112
Sobre o Autor 214

Introdução

"Iremos juntos construir e liderar um terreiro, com o intuito de transformar muitas vidas através da Umbanda. Tudo no seu tempo, apenas confie em mim que irei te levar até lá!"

Ouvi essa frase do meu mentor espiritual Exu das Matas no ano de 2001 durante uma gira no primeiro terreiro onde trabalhei como médium. Na ocasião eu tinha apenas 17 anos de idade e praticamente nada de conhecimento sobre a religião. Confesso que eu mal sabia o que significava "abrir um terreiro. No primeiro momento, desconsiderei completamente, até achando que era "coisa" da minha cabeça. Creio que por essa resistência que criei, por anos não ouvi dessa entidade mais nada sobre o assunto, até que 7 anos depois, quando esse terreiro do qual eu era filho fechou, o Exu "apareceu" para mim em uma ocasião na minha casa e disse:

> "– *Vamos começar! Daqui 7 dias você deverá ir em uma mata mais reservada e fazer a melhor oferenda que você puder; estarei lá te esperando.*"

Com certa insegurança, fui ao ponto de força como orientado e fiz, ainda que com um conhecimento limitado e poucos recursos financeiros, uma oferenda de acordo com as preferências do guardião. Foi uma experiência única! Quando ele se aproximou de mim, pude senti-lo como nunca antes e entender profundamente o seu propósito e vontade – até hoje ainda estou descobrindo mais sobre ele.

Após a experiência, que deve ter durado cerca de 2 horas, fui para casa em êxtase, encorajado e inspirado para colocar em prática tudo o que ele determinou e, imediatamente sob o seu incentivo, iniciei uma busca fervorosa por mais conhecimento na área religiosa umbandista e na psicologia humana. No ano de 2009, fundamos o Templo Escola Casa de Lei; um terreiro sem médiuns, pouquíssimos consulentes e que só eu atendia, nos fundos da minha casa.

Neste mesmo ano, fui encorajado ainda pelo mentor a disseminar o conhecimento por todos os meios que eu encontrasse. Para mim, o mais viável foi a internet, então criei a Rádio Toques de Aruanda, o Estudar em Casa e, alguns anos depois, o meu canal no YouTube que hoje conta com centenas de milhares de umbandistas do mundo inteiro que já viram meus vídeos dezenas de milhões de vezes. Nunca imaginei, não planejei e nem tinha qualquer expectativa no que iria acontecer. Apenas confiei e segui em frente, como um filho obediente deve fazer.

Este livro trás esse sentimento de confiança, fé e determinação que brotou em mim desde o primeiro dia que essa entidade se apresentou no meu caminho e quero compartilhar com você o que me fez chegar até aqui, a mentalidade que precisei desenvolver e alguns princípios ritualísticos que aplico no Templo.

Me sinto completamente realizado ao saber que o Segredos do Sacerdócio chegará nas mãos de pessoas que estão prestes a dar o próximo passo para iniciar uma nova jornada de evolução e prosperidade espiritual.

Se você é médium ou leigo, o que preparei aqui irá te ajudar a entender as responsabilidades espirituais e sociais de um sacerdote umbandista, bem como contribuir no seu crescimento intelectual e espiritual.

Do mesmo modo, se você é alguém que sente ou já ouviu que carrega a missão sacerdotal, este livro será um divisor de águas na sua vida e após ler e absorver os aprendizados, será praticamente impossível o seu proposito não se concretizar.

E para quem já está à frente dos trabalhos espirituais e possui uma experiência prática na liderança de um terreiro, este livro tem muito a agregar no processo de gestão, administração, melhorias e expansão da estrutura que já existe.

Como me disse Exu das Matas: "tudo no seu tempo, apenas confie em mim que irei te levar até lá". Permita-se, vamos ao próximo passo da sua jornada!

PARTE 1

O CHAMADO PARA O SACERDÓCIO

O SEU PROPÓSITO DE VIDA

"Somos seres espirituais vivendo uma experiência humana" (Pierre T. Chardin).

É certo que cada um de nós traz registrado no mais íntimo de sua alma uma razão pela qual existimos nesse plano. Ninguém está encarnado simplesmente para passar por este planeta sem realizar algo para si e/ou para os outros. Somos todos seres em constante evolução. Carregamos o histórico de débitos e créditos que foram acumulados em vidas anteriores e experiências passadas na carne e fora dela.

Uns são presenteados pela bondade divina e conseguem a chance de reencarnarem a fim de escreverem uma nova história e se libertarem das amarras do passado. E essa experiência tem um sentido e um porquê de acontecer. Neste livro, chamaremos esse "porquê" de *propósito* ou *missão de vida*.

Sei que o peso dessas letras postas em conjunto pode causar espanto e medo se elas caírem em seus colos como uma sentença, muitas vezes, com o peso de uma âncora de um navio. Há uma enorme responsabilidade por trás do tema, pois o ser humano está se movendo o tempo todo em busca de coisas que o façam se sentir pleno e que deem sentido a sua existência. Todos nós queremos o nosso lugar no mundo, e, assim, ter um motivo maior para justificar toda a luta e sacrifício diários se torna essencial para se mantiver motivado.

Em algum momento você parou para pensar: "Qual o meu propósito aqui?", "Qual é a minha missão?", "O que está designado no meu caminho?". Se não pensou nisso até agora, pare por um minuto e se questione. De verdade, faça isso!

Creio que esse seja um dos questionamentos e reflexões mais difíceis para o ser humano. Chegar a uma definição final sobre esse assunto com clareza é bastante custoso, porque a busca pela resposta do que viemos fazer aqui neste mundo existe dentro de cada um desde sempre na humanidade. E é importante que, ao buscar a resposta, você seja capaz de analisar com cautela e paciência se é a sua alma falando ou se é a voz de uma sociedade que exige mais do outro e menos de si.

Estamos rodeados de pessoas que cobram demais umas das outras e nem sequer fingem que estão preocupadas com as consequências de suas exigências estapafúrdias. Tome muito cuidado com a toxicidade desse tipo de comportamento para que você não se renda a uma vida e a um propósito que não condizem com a realidade que vibra no seu coração.

Definir um objetivo de vida é diferente de reconhecer o desígnio que já existe dentro de você desde o seu nascimento. O primeiro depende das condições racionais, financeiras e emocionais nas quais nos encontramos no instante em que focalizamos em nosso campo de visão alguma coisa que - inexplicavelmente e irresistivelmente - sentimos que não podemos deixar de lado jamais. Como quando você decide comprar um carro ou seguir uma determinada profissão, por exemplo: essa é uma escolha pessoal, um desejo que surgiu em você e que - de acordo com as suas possibilidades - você poderá concretizar.

Já o segundo - e o mais importante para o nosso estudo aqui - atinge aquele espaço guardado a sete chaves dentro do seu íntimo, algo talvez difícil de ser explicado em palavras: uma força que causa no mais profundo âmago do seu ser um turbilhão de emoções, colocando em xeque, muitas vezes, quem você foi e como você viveu até aquele momento.

É como se o alerta de segurança do coração disparasse e as tropas da Guarda Nacional estivessem se preparando para enfrentar a Terceira Guerra Mundial com bombas nucleares. Com um pouco de silêncio e imaginação dá até para ouvir o Hino Nacional tocando e o barulho das botas de couro chocando-se contra o asfalto da avenida. O desígnio de vida, quando se manifesta, se materializa e transborda através do ser. É algo visceral, profundo e revelador!

Dentre as verdades sobre a missão sacerdotal que são compartilhadas de tempos em tempos, com modificações pontuais, a que merece maior destaque declara uma espécie de compromisso firmado com o Outro Lado – uma revelação nada bruta e capaz de surpreender os mais radicais. Alguns a encaram como uma *lorota* absurda, daquelas ditas por quem não tem nada melhor para fazer, devido ao teor ilusoriamente punitivo que muitas vezes recobre a religião por causa de sua essência mística; porém, a parcela que a vê de forma clara é capaz de perceber a coerência que essa verdade possui. Afinal, ela respalda-se com muita habilidade nas afirmações altruístas que escapam da distorção maliciosa de improváveis seguidores e certeiros opositores.

Muitos acreditam que esse compromisso selado do lado de lá é algo obrigatório e imutável, impossível de ser negado ou - a depender do andar da carruagem – modificado, o que torna o caminho por vezes mais doloroso do que deveria ser - e desesperador para aqueles que se encontram impossibilitados de iniciar ou continuar suas jornadas sacerdotais na Umbanda. Entenda que assim como nenhum filho de santo é obrigado a estar em um terreiro para exercer sua vontade de fazer o bem, nenhum médium identificado como possuidor da missão de direção precisa, obrigatoriamente, abrir um terreiro e seguir este caminho, custe o que custar.

Lideranças são selecionadas tendo como intuito viabilizar a expansão do trabalho iniciado nos bastidores da existência carnal, para dar voz ao aglomerado de espíritos dedicados ao trabalho divino, e, principalmente, para recordar aos umbandistas de coração - desde o nascimento - que há um local onde eles podem buscar abrigo eternamente. O dirigente, tal qual um farol na madrugada escura, direciona seus seguidores a um lugar seguro, sem que, no entanto, empurre aqueles que decidiram ir de encontro a outro ponto brilhante na direção de sua preferência. Luzes tão somente clareiam o trajeto; o dono dos olhos que as enxerga é quem tem o aval para dar o primeiro passo. E pouco importa o quão forte é o brilho da luz ou quanta claridade que ela fornece, nada é suficientemente coerente para escusar uma tentativa de dominação.

Segredos do Sacerdócio

Seguidores seguem; este é um fato consumado, mas seguem porque sentem – mesmo que na camada mais íntima e profunda de seus corações – empatia pela filosofia que é pregada pelo alvo de admiração. É parte da missão daquele que assume o sacerdócio de Umbanda criar vínculos, conduzir e ajudar as pessoas a encontrarem a sua missão e o seu propósito nessa vida.

Escolha o seu propósito

No momento em que aprender a tratar as vontades da alma como aliadas da sua evolução espiritual e pessoal, esquecendo-se por inteiro da ideia deturpada que define objetivos para as pessoas de acordo com o retorno monetário, status social e outros ganhos superficiais, conseguirá dar um largo passo em direção ao preenchimento do vazio interno que muitos seres humanos sentem ao longo de sua caminhada terrena. Crises existenciais acontecem quase toda hora, embaralhando os pensamentos e estimulando atitudes drásticas, que mais tarde trarão dores de cabeça inúteis, estraçalhando os planos certos até então; é nesta etapa que o vazio citado se instala. Ao abrir o cadeado das correntes que te prendem às expectativas alheias, as crises diminuem gradativamente, porque nenhuma área da sua vida foi influenciada pelos caprichos de pessoas próximas (ou nem tão próximas assim). Aos poucos, a confiança nas decisões tomadas unicamente por sua cabeça pensante sobrepõe a sensação de escassez.

Até certo ponto, mesmo a opção é uma obrigação. Vinte-e-quatro horas por dia vemos restaurantes, lojas de roupa, farmácias, shoppings e produtos em exposição, com súplicas para que possamos eleger esses em detrimento de outros, investindo em profissionais especializados na arte da compra impulsiva para chamar mais a atenção que o colega ao lado... E caímos como patinhos nessas armadilhas, tendo a curiosidade despertada pelo lanche que está na boca do povo ao invés daquele no final da esquina que nem sucesso faz, mas sabemos que o preço e o sabor compensam. Tantas propagandas em letras maiúsculas e piadas que seguem o fluxo do momento enchem o nosso cotidiano que nos acostumamos a obrigatoriamente optar. Imediatamente. Sem pensar. Basta receber a notícia de que temos de decidir para entrar em modo de defesa e começar a bombardear a própria consciência com milhares de vantagens e desvantagens - nem tão relevantes assim.

Escolher o propósito não é igual a escolher um lanche da moda. O verbo "escolher", nesta ocasião, contempla outro significado, do tipo real, que faz sentido para o contexto em que está inserido. Considere que você tem um leque de infinitas possibilidades atraentes para definir qual será o caminho a ser seguido em sua encarnação, portanto, dar atenção ao querer meio tímido, nada brilhante em comparação aos demais, já pode ser visto como um ato notório, diga-se de passagem. Entretanto, ir além e deixar de lado a "grandeza" proporcionada pelos objetivos cativantes ao ego em prol da realização desse querer aparentemente opaco é mágico. Sequer há uma expressão forte o suficiente para exprimir o poder absoluto de uma ação com essa.

Agarrar com as duas mãos o sentimento pulsante dentro de si - que te move naturalmente adiante - muda a forma com que você vê o mundo e que o mundo te vê. Denota ousadia e firmeza; transmite capacidade. Isso quer dizer que você escolheu o seu propósito em vez de qualquer rota diferente – seja ela ditada por terceiros ou pelos benefícios pretendidos – sem olhar para trás. Não existe sequer um ser humano que seja desprovido de um propósito pelo qual sabe que vale a pena lutar, mesmo assim, existem milhões que desistem antes de tentar, por conta do medo excessivo do fracasso.

O sacerdócio faz parte do médium que tem a designação sacerdotal. É o seu propósito. Enquanto ele optar por perseguir intenções que não correspondem ao que seu coração pede, continuará a questionar-se constantemente sobre sua satisfação. Aceitar a missão sacerdotal de modo algum é uma exigência do mundo espiritual, em realidade, equivale a aceitar um pacote contendo todo contentamento que busca de uma única vez.

Um sacerdote nasce a partir do segundo em que encontra em si próprio o desejo de aceitar seu desígnio e colocá-lo em prática.

O CHAMADO PARA O SACERDÓCIO

Dando continuidade ao assunto anterior, chegamos ao ponto de partida deste livro: o início da trajetória de um líder religioso. Assim que o médium identifica, reconhece e ultrapassa a fase de aceitação de seu propósito internamente, sinais claros da espiritualidade começarão a mostrarem-se mais presentes do que nunca, indicando ao futuro dirigente que ele não está só e nem está ficando louco.

Há diversas maneiras de receber uma devolutiva afirmativa dos guias de luz quanto ao que intimamente já foi questionado, colocado contra parede, descartado e, por fim, dado como certo até segunda ordem. A ultrapassagem da fase de aceitação refere-se a esse momento primário que mistura incerteza e confiança. Por tal razão, toda cautela é pouca quando se coloca os pés em um terreno desconhecido, em que os médiuns - e até o dirigente-, caso estejam despreparados, podem destruir o progresso alcançado com poucas palavras grotescas e desanimadoras.

Este questionamento - *"será que fui feito para ser um sacerdote mesmo?"* - não deve ser levado para qualquer pessoa e em qualquer situação. Se decidir buscar legitimidade nesse chamado, faça isso através do seu dirigente – no qual acredito que você confie – e dos seus próprios Guias e Mentores espirituais, pois sem o aval deles nenhum terreiro sai sequer do papel. Ainda que passe pelo processo de acolhimento do desígnio maior, cabe aos seus superiores declararem que você está apto para subir esse degrau e assumir tamanha responsabilidade.

Somente nestas poucas palavras já é viável sentir o peso da responsabilidade que cairá sobre seus ombros imediatamente após declarar seus trabalhos abertos. As alternativas de comprovação são como uma faca de dois gumes, tendo em consideração a confiabilidade da informação que será transmitida. Infelizmente, não existe canal 100% seguro, posto que os seres humanos são falhos por natureza e o viés crítico pode ser manipulado a qualquer momento por uma interferência qualquer. Tenha em mente os critérios cujos quais acredita serem essenciais para dar credibilidade a alguém antes de fazer *a pergunta de 100 milhões de reais*. Seja suficientemente honesto consigo mesmo para não procurar uma pessoa apenas porque ela dirá o que quer ouvir.

Abaixo estão algumas possibilidades recorrentes no meio para informar um futuro sacerdote de sua missão:

- **Guia incorporado em outra pessoa:** clássica. Boa parte dos médiuns que abririam casas após alguns anos souberam por intermédio de outros médiuns qual era a qualidade do trabalho que exerceriam. Alguns espíritos de luz são enfáticos, dando atenção aos detalhes e adiantando nas entrelinhas quais as armadilhas que esperam do novo líder, já outros preferem o papel de comunicadores, para permitir ao novato experimentar em primeira mão as nuances pontudas da andança. A necessidade leva às palavras certas.

- **Oráculos:** estes demandam muita pesquisa e atenção redobrada. Búzios e tarôs são recursos famosos usados tanto por legítimos cartomantes quanto por charlatões que desejam arrancar uma quantia considerável de dinheiro dos bolsos de quem é enganado com facilidade. Se optar por esse recurso, vá em busca de pessoas que fazem um trabalho idôneo e honesto.

- **Seu próprio guia:** Outro método tradicional, porém ligeiramente mais enigmático. Interpretar as mensagens dos espíritos durante as consultas já demanda uma dose de esforço e concentração, certo? Agora, imagine ter de filtrar quais pensamentos são seus e quais são os do seu guia em um conselho *para você*? Não é nada fácil! Quando um médium recebe uma informação dessa magnitude deve poupar-se dos devaneios e aguardar com paciência as novas informações e determinações vindas dele. Muitas vezes, pelo animismo natural, tendemos a expressar nossos desejos, pensamentos e opiniões, confundindo-os com mensagens vindas do plano espiritual. Cuidado, autocrítica e autoanálise são essenciais.

NEM SEMPRE AGORA É A HORA

  Passado o turbilhão de emoções que envolve o primeiro impacto da notícia e seu desenrolar instantâneo, chega a hora de sentar, pôr uma caneta entre os dedos, puxar um pedaço de papel e começar a esboçar alguns tópicos essenciais que definirão se realmente é preciso abrir o terreno naquele momento. Existem diversas variáveis a serem incluídas na soma final de prós e contras. A maioria delas reserva-se à tarefa de preservar a integridade do médium - sem atropelar a carroça, os bois, a estrada e o que mais vier pela frente -, o que com certeza contribuirá para uma conclusão justa.

Segredos do Sacerdócio

A espiritualidade nunca pediu que ninguém tivesse pressa, nunca decretou que somente quem saísse em desespero tão rápido quanto as pernas aguentassem seria digno de bênçãos, nunca reforçou pensamentos ansiosos ou os aprovou. Em vista disso, faz sentido perguntar: qual o motivo de tanta afobação? Basta um segundo para que o seu destino mude completamente e os planos tão bem desenhados sejam levados pelo vento como cinzas de um incêndio. E nada vai sobrar, consequentemente, provando que apressar-se não irá resolver nem uma mísera questão.

Ouvir e se certificar de que foi confiado a você o desígnio de ser um sacerdote de Umbanda pode ser emocionante. É algo que desperta sensações adormecidas, algumas que talvez você nem se lembre mais que era capaz de sentir. Definitivamente é um momento sem igual, que marca o começo de uma nova trajetória, todavia, é nesse instante que o monstro da afobação costuma construir seu ninho, instalando-se e procriando preocupações ilógicas. Aqueles que se deixam levar por essa ladainha chegam em casa de qualquer jeito, mal comem e passam a viver o terreiro que nem existe ainda 24 horas por dia, 7 dias por semana. Perdem a noção do tempo, das relações sociais e das interações com os objetos mais básicos da vida.

Todo umbandista já ouviu falar na palavra "obsessão" dentro e fora do ambiente religioso e compreende que em ambos os contextos ela representa um conceito prejudicial tanto à vítima quanto a quem está nos arredores. Respirar terreiro, comer terreiro, beber terreiro, dormir terreiro é um tipo de obsessão que tem seu quadro ainda mais agravado quando se põe em pauta a inexistência de um terreiro no mundo real. O médium aspirante à dirigência não é informado pelos espíritos de luz sobre seu propósito para que abra mão de sua carreira, amigos, amores e família; eles querem que o curso de aproveitamento da encarnação continue firme e forte com um pequeno novo adendo.

Da mesma forma que ele teve diligência para sentar e escutar seus superiores desde que pisou no terreiro pela primeira vez, tem de manter-se com a cabeça no lugar certo para descobrir quais são as próximas medidas a serem tomadas – e nada impede que a medida em questão seja guardar o comunicado com carinho e seguir adiante até chegar o tempo certo. Uma vez que a pressão inexiste do lado mais interessado na inauguração de um templo religioso umbandista, vem a ser um desperdício de lágrimas e suor tentar alcançar os pés de um gigante com as pontas dos dedos de um recém-nascido. Pense, repense e elabore antes de sair falando aos quatro cantos que você irá abrir um terreiro.

DE QUEM É O DESEJO?

Este tópico definitivamente colocará em xeque as convicções pessoais daqueles que receberam muitos incentivos do exterior para caminhar em direção à inauguração de um templo religioso, já que toca no lado mais frágil da consciência, aquele que ainda tem uma ponta de dúvida sobre o ímpeto de realização do propósito. O maior erro cometido por um médium que recebeu a confirmação é espalhar a notícia aos quatro ventos para reafirmar o que "todo mundo já sabia" e bandear-se de imediato para perto de seus "torcedores", vulgo convincentes articuladores de opinião. Ele sequer pensa na quantidade de influências confusas que receberá ao buscar seus confidentes em vez de si próprio.

Em um cenário muito comum facilmente encontraríamos o aspirante a dirigente rodeado de pessoas nem tão bem-intencionadas assim, prontas para dar pitacos do metro quadrado que comportará a vela até a cor da fachada do local, interessadíssimas na possibilidade de assumir um cargo visto como grandioso por elas na nova casa sem ter de merecer nada. São pessoas com interesses egoístas e dispostas a encorajar qualquer que seja o desdobramento necessário por parte do filho de santo que inaugurará sua casa. Poucas delas têm alguma empatia e ponderam antes de empurrar o jovem líder em direção a um poço sem fundo de descontrole financeiro e emocional.

Ter familiares e amigos próximos a si durante o processo definitivamente contribui de forma positiva para a construção do dirigente, seu terreiro e a corrente mediúnica, mas a interferência desses grupos jamais deve ultrapassar as vontades, pensamentos e decisões particulares de quem foi designado pela espiritualidade para estar à frente do espaço. Existe uma hierarquia a ser seguida, logo, não há motivos para que o dirigente do templo e possuidor do desígnio submeta-se às ordens e achismos de agentes avulsos à causa. Sua palavra tem de valer mais do que qualquer outra, afinal, é a sua encarnação que tomará novos rumos a partir do instante que se propor a receber gente de todo lugar, com todo tipo de problema, sem cobrar um centavo por isso.

A trajetória é mais leve com companheiros de viagem. No entanto, cabe ao futuro zelador aprender a contar apenas consigo mesmo, pois outros indivíduos têm o direito de, a qualquer momento, optar por largar sua mão e encontrar outra mais favorável para apertar – e eles não estão errados por isso. Dirigir um terreiro é renunciar a parceiros e coisas as quais normalmente se está apegado - quando menos se espera - e aceitar isso como parte natural do desenvolvimento humano.

Em outro cenário habitual nos deparamos com líderes umbandistas despreparados, descontentes, desamparados e mais dezenas de adjetivos começados por "*des*", sentados em frente às suas comunidades sem ter nem ideia do que fazer para acabar com a frustração que domina suas almas. Um alvoroço de dar dó, ocasionado pela mania problemática que popularmente intitulamos como "*maria vai com as outras*". Em tese, cada qual é responsável por suas atitudes e as respectivas consequências, eximindo os demais de qualquer culpa, certo? Certo! Porém, é sabido que a realidade se transfigura um milhão de vezes antes de prosseguir por uma linha tão reta de pensamento. Quanto mais os ouvidos escutam os sons de fora, menos escutam os sons de dentro. Ainda que o mundo diga para você pular de uma ponte porque haverá um colchão inflável lá embaixo, somente o seu cérebro tem o poder de recuar e buscar outra alternativa.

Definitivamente pular de uma ponte faz com que a consciência trabalhe de forma mais cautelosa do que quando raciocina sobre levantar as portas de um terreiro, contudo, ambos possuem o mesmo peso. Um erro de cálculo em qualquer um é o suficiente para que as pernas fiquem para o ar por muito tempo.

PARTE 2

ASSUMINDO A RESPONSABILIDADE

O QUE É O SACERDÓCIO

Um sacerdote é uma pessoa dedicada ao trabalho em nome do sagrado. Na Umbanda ou em qualquer outra religião, o papel de um líder religioso é ser capaz de transmitir com clareza as vontades e desejos de Deus para a sua comunidade e seguidores, desprendido dos próprios interesses e ego. O sacerdote precisa ser capaz de restabelecer a sintonia entre o Sagrado e os homens, de despertar a fé através do exemplo e de ser uma inspiração para as pessoas.

Na Bíblia, existem diversas menções ao sacerdócio, tanto no Antigo quanto no Novo Testamento. Nos textos bíblicos, a grande ênfase é dada ao serviço sacerdotal hebreu, isto é, aos sacerdotes do povo de Israel dentro da religião judaica, no entanto, o conceito de sacerdote ou figura similar existe em praticamente todas as religiões que têm em vista um relacionamento entre o homem e alguma divindade.

Considerando o principal termo utilizado no Antigo Testamento para designar um sacerdote, o hebraico *kohen*, alguns pesquisadores indicam que provavelmente essa palavra tenha origem no termo *kun*, que - aliado à forma verbal *kahan* - poderia significar algo como "permanecer", talvez fazendo alusão à função sacerdotal que elege um indivíduo para permanecer perante Deus como representante do povo.

A Umbanda, sendo uma religião profundamente influenciada pelo catolicismo, absorveu muito desses conceitos em seus fundamentos, e faz uso deles, mesmo que nas entrelinhas de um trabalho umbandista. Pai Zélio Fernandino de Moraes, o fundador da Umbanda, tinha como religião primária familiar o catolicismo. O Caboclo das Sete Encruzilhadas afirmou ter sido, em uma de suas encarnações anteriores, o jesuíta Frei Gabriel de Malagrida, condenado à pena de garrote e fogueira, sendo executado na Praça do Rossio em 21 de setembro de 1761.

Com toda essa bagagem junto de si, entendemos que já ressoava no íntimo de Zélio de Moraes os princípios éticos, morais e religiosos católicos e cristãos. Aqui já vemos um pouco sobre algo que falaremos mais para frente, que são as características e fundamentos de cada terreiro, que é formado com base nas crenças e experiências do seu representante.

Popularmente, o entendimento sobre a postura que um sacerdote deve ter e o seu papel na sociedade vêm de encontro com o que a Bíblia ensina. Porém, essa é uma perspectiva geral que não retrata fielmente a realidade de um sacerdote umbandista e como ele deve se portar. Cada religião possui seus princípios básicos, sua filosofia de vida e o seu objetivo central.

Um sacerdote deverá ser capaz de manifestar essas características particulares do caminho religioso o qual ele representa, sendo uma referência para os neófitos que começam a se identificar com esse caminho também. Como sacerdote umbandista, é necessário conhecer a Umbanda - em teoria e prática-, se aprofundar nos princípios e aprimorar-se constantemente, para não confundir responsabilidades impostas pela sociedade, esta que instintivamente é carregada de dogmas e conceitos que nem sempre se enquadram ao que é proposto em um terreiro.

O SACERDOTE DE UMBANDA

Falar sobre o sacerdócio de Umbanda nem sempre é uma tarefa tão fácil, já que estamos a lidar com muitas verdades sendo espalhadas ao mesmo tempo e o tempo todo, para todo mundo que se interessar - e não há nenhum mal nisso, afinal, a diversidade presente na religião garante tal liberdade de expressão. Vemos essa liberdade, por exemplo, nos termos usados para referenciar um sacerdote de Umbanda, tais como: Dirigente, Padrinho, Madrinha, Pai ou Mãe de Santo, Pai ou Mãe de terreiro, Babá, Babalorixá, Iyalorixá, Babalaô.

Essas titulações variam de acordo com a religião anterior do líder, a doutrina que segue e aplica, por afinidades e/ou apenas por preferência. Toda essa diversidade está presente também nos rituais, na estrutura do congá, nas vestimentas, nas ferramentas, cores de vela, filosofia, fundamentos, doutrina e tantas outras particularidades.

As diversas verdades que existem juntam-se ponto a ponto para criarem um fundamento sacerdotal maleável, ainda que siga algumas considerações como ponto-comum. E isso significa que a contribuição feita por cada parcela de conhecimento compartilhada pode ser modificada conforme as necessidades daqueles que a buscam, substituída por uma nova versão ou agregada à metodologia de outrem. A flexibilidade proporcionada por essa formação de líderes viabiliza a visualização constante de novas possibilidades.

Certamente tornar-se um sacerdote está além de um curso de sacerdócio - assunto que será abordado com mais precisão nos próximos capítulos -, todavia, são inegáveis a utilidade e a relevância de um sistema de aulas bem elaborado, que ajuda seu aluno, por vezes pouco integrado, no que tange os detalhes da dinâmica litúrgica, a descobrir qual é o seu tipo de direção.

Encontrar, explorar e entender quem é o "eu" que está por trás da escolha de abrir uma casa é tão importante quanto abri-la. Somente dessa forma torna-se viável enxergar quais falhas existem antes que elas sejam postas à prova em ocasiões estressantes que não terão um professor para servir como mediador. A cautela, se vista e empregada com bons olhos, elimina tantos problemas quantos forem possíveis sem que ninguém seja prejudicado.

Por tratar-se de um tópico sumariamente religioso, mesmo que seja uma formação concreta, há requisitos e regras que terão de ser respeitados independentemente de qualquer motivação do "aspirante a discípulo", portanto, nada é feito sem que a espiritualidade e o mundo material estejam em comum acordo.

Todo sacerdote nasce com a determinação para abraçar o mundo dentro de si, entretanto, nem todo sacerdote já a aceitou ou a reconheceu como parte de sua jornada. E o sacerdócio também se dispõe a organizar as motivações borbulhantes para o abraço - conscientes ou não - que levam ao erro.

Ser sacerdote é alcançar um novo nível de consciência e fazer uma preparação sacerdotal é subir a escada, um degrau de cada vez, até esse nível. Envolver o mundo sem braços longos apenas culmina em lesões doloridas ao final do dia e poucas mudanças realmente consideráveis.

RESPONSABILIDADE RELIGIOSA

A palavra religião, existente na língua portuguesa desde o século XIII, é um termo derivado do latim *religio, religionis* – "culto, prática religiosa, cerimônia, lei divina, santidade". Há diversas teorias sobre a origem desse termo e no passado muitas discussões ocorreram a fim de se obter a compressão do significado dessa palavra. Todos buscaram compreender de qual verbo esse substantivo é a forma nominal, *relegere* ou *religare*?

Inclino-me mais à tese que foi compartilhada no século XIX pelo latinista português Francisco Rodrigues dos Santos Saraiva, autor do influente dicionário que leva seu nome.

Palavra originada do verbo latino "Relegere", isto é, "reler, revisitar, retomar o que estava largado", pode ser vista neste contexto como a retomada de uma dimensão (espiritual) da qual a vida terrena tende a afastar os homens.

Sistemas culturais e de crenças, visões de mundo que estabelecem os símbolos que relacionam a humanidade com a espiritualidade e seus próprios valores morais são partes que compõem uma religião. A Umbanda, assim como todas as outras doutrinas, possui fundamentos, simbologias, tradições e histórias sagradas que se destinam a dar sentido à vida ou explicar a sua origem e do universo.

Portanto, ter consciência do que na essência é uma religião e conhecer a fundo os fundamentos e individualidades da doutrina aplicada no terreiro são algumas das responsabilidades de um líder religioso, que precisa saber expressar com clareza e propriedade os valores e virtudes ensinados pelos Orixás e Guias e conduzir os frequentadores e trabalhadores para uma relação mais profunda e cristalina com o Sagrado. E isso só é possível se o próprio dirigente já criou em si essa relação.

Além disso, há inúmeros procedimentos que, em teoria, devem ser realizados pelo então Sacerdote para propiciar uma relação prática com a espiritualidade e manter a ordem e o equilíbrio energético de tudo e todos.

Apesar de considerar as variações de fundamento de Casa para Casa como critérios muito pessoais – e que devem ser tratadas com certa individualidade –, vou enumerar 13 responsabilidades que eu, como sacerdote, considero primordiais:

1- Ser líder e gerir pessoas

Usando como referência a máxima de Jesus: "nem só de pão vive o homem", digo: "*nem só de espiritualidade vive um terreiro*". A religião proporciona a possibilidade de comunhão e aprendizado mútuos, pois une pessoas com ideais religiosos e crenças similares, porém com personalidades e valores distintos. Essa convivência, assim como em toda organização onde há mais de uma pessoa, pode acarretar problemas por diferenças e contrapontos entre os integrantes. Inclusive, penso que seja proposital da espiritualidade superior unir indivíduos diferentes em um mesmo lugar com o intuito de gerar novos aprendizados e transformações. O sacerdote precisa ser capaz de liderar o grupo de forma honesta e imparcial, administrando e resolvendo problemas, motivando pessoas, reconhecendo os pontos fortes de cada um e propondo mudanças para quem apresenta pontos fracos e comete enganos. Para um dirigente, 60% do terreiro é gestão e 40% é espiritualidade. Se não olhar para o templo e sua comunidade dessa maneira, seu trabalho será como um fardo em suas costas.

2 - Estudar constantemente

É uma das obrigações necessárias a cada líder, seja no setor religioso ou empresarial. O aprendizado aperfeiçoa, renova e mantém o trabalho sempre em ascensão. Quando se chega ao posto de dirigente, um novo caminho começa, assim como um neófito de Umbanda que inicia a sua jornada espiritual. Aprendizados básicos precisam ser revistos, estudos novos e complexos precisam ser feitos: explorar assuntos fora da religião que poderão agregar à vida das pessoas que o seguem é parte indispensável do caminho sacerdotal.

3 - Promover estudos dentro do terreiro

Os médiuns precisam cada vez mais estar conscientes e preparados para o trabalho espiritual que será realizado, bem como desenvolverem o senso crítico e discernimento. Um médium despreparado pode, mesmo que sem intenção, prejudicar todo o andamento da gira, assim como influenciar negativamente outros irmãos da corrente. Não me refiro a esse preparo apenas no contexto doutrinário ou mediúnico, mas em seus valores, conduta e comportamento dentro e fora do solo sagrado.

4 - Aprender a comunicar-se adequadamente

É mais difícil realizar o que recomendei no tópico anterior se esse potencial não estiver desenvolvido. Não me refiro a tornar-se um palestrante renomado da noite para o dia, mas conseguir expressar com clareza e coerência as suas ideias. Busque conhecer suas limitações e dificuldades nesse sentido e aperfeiçoar-se até chegar ao ponto que você considera adequado.

Não transfira apenas para os Guias espirituais a responsabilidade de conversar, acolher e ensinar os médiuns. Essa é uma responsabilidade de todo aquele que deseja ser um bom líder. Ler livros e assistir palestras e vídeos de pessoas que você acredita se comunicarem bem pode ajudar. Acredite: falar bem é treinável. Já ministrei cursos fechados de como falar em público e apresentar palestras em institutos de desenvolvimento pessoal e pude ver de perto a evolução de muita gente que "aparentemente" não tinha jeito para isso.

5 - Conhecer em detalhes os fundamentos

Esses fundamentos normalmente são absorvidos ao longo da jornada, vivenciados muitas vezes ainda como filho espiritual. Porém, a maior parte da base fundamental do terreiro será transmitida ao longo do próprio exercício do sacerdócio pelos Guias e Mentores responsáveis. Para que se possa conhecer em detalhes os fundamentos que serão apresentados no decorrer do tempo é preciso se dedicar na busca dos "porquês" de cada coisa. Cada terreiro possui características individuais, tanto em sua ritualística quanto na doutrina e crenças que se formam com o tempo, praticando, errando e aprendendo.

6 - Conduzir os trabalhos com responsabilidade

Toda organização precisa de um líder que norteie o caminho que todos deverão percorrer. O sacerdote tem o dever de cumprir esse papel dentro do seu espaço religioso, abrir e fechar a gira conseguindo manter a ordem e o equilíbrio do início ao fim. Cabe a ele, em conjunto com os seus Guias, as seguintes tarefas: a elaboração da dinâmica do trabalho, as linhas que irão se manifestar, quais médiuns serão cambones, quais outros darão atendimento, e o que será dito na preleção e, se houver algum imprevisto durante a atividade, é o dirigente que deve intervir imediatamente - ou alguém que ele determinar para assumir tal função.

7 - Zelar pelos médiuns e pela espiritualidade de todos

É um dos mais importantes deveres que devem ser cumpridos, com amor, satisfação e respeito a todos. As pessoas que escolhem e são conduzidas a um terreiro esperam ser acolhidas por quem está à frente, bem como respeitadas e amparadas diante das suas necessidades. Um diálogo fraterno e empático, respeito à dor do outro, paciência com quem sabe menos, disciplinar sem agredir e saber motivar pelo exemplo são atitudes vitais para o bom fluir da corrente. A espiritualidade superior se encarrega de unir pessoas afins em necessidades de aprendizados para que possam juntas crescerem. Lembre-se, o sacerdote também está em eterno aprendizado.

Olhar e cuidar dos aspectos espirituais dos médiuns, ficar atento aos desequilíbrios e manter os rituais e fundamentos de todos em dia. Acontece em muitos lugares o contrário disso, como se houvesse uma barreira entre ambos, impedindo-os de aprenderem e ajudarem-se mutuamente. Costumo ouvir do meu Mentor espiritual que somos os maiores consulentes, tanto os pais quanto os filhos. Assumir o papel sacerdotal exige amor em cuidar de pessoas e orgulho em fazê-las evoluir.

8 - Determinar as regras que devem ser seguidas

Na primeira tenda de Umbanda – Tenda Espírita Nossa Senhora da Piedade - havia um estatuto aprovado pela Entidade-chefe, o Caboclo das Sete Encruzilhadas, com mais de 20 páginas estabelecendo as regras e compromissos. Na introdução desse documento há uma explicação do objetivo: *"[...] a fim de estabelecer a necessária ordem interna e para atender os seus associados, trabalhadores e frequentadores na maior harmonia e o mais completo aproveitamento dos trabalhos espirituais"*.

Tendo esse modelo como exemplo, todo terreiro deve ter um documento com as regras e compromissos expostos claramente, lido e assinado por todos os médiuns, para que depois, se houver algum descumprimento da regra, seja possível tomar providências cabíveis sem ser injusto.

Minimizam-se muitos problemas comuns em terreiros quando todos sabem o que podem ou não fazer, bem como isso traz a sensação de que tudo está sob controle. Você já foi a algum lugar onde parece que está todo mundo perdido e desordenado? É péssimo!

9 - Ministrar sacramentos

A Umbanda trabalha com sacramentos parecidos com os da Igreja Católica, que são: batismo, casamento e funeral. Sacralizar significa atribuir caráter sagrado a algo ou a alguém. Os Sacramentos na Umbanda são cerimônias eficazes realizadas durante o culto religioso.

O batismo é feito sempre pelo guia-chefe do terreiro e pode ser para adultos ou crianças e não se restringe a filhos do Templo. O casamento é realizado por um Guia ou sacerdote responsável. Qualquer pessoa, mesmo não sendo da Umbanda, pode pedir esse casamento, que será realizado da mesma maneira.

O funeral é efetuado pelo sacerdote do terreiro e sofre modificações conforme a condição do falecido, se é iniciado na Umbanda ou não. Há outros sacramentos que são pertinentes a graus de iniciação dos médiuns. Esses são:

- **Amaci:** podendo mudar de acordo com a doutrina, o ritual de lavagem da cabeça do médium já desenvolvido é realizado com ervas e elementos singulares, seguindo horários e dias específicos. Consiste na preparação deste médium que está iniciando, mas também pode ser utilizado como um fortalecedor espiritual.

- **Coroação:** para médiuns já preparados e que possuem missão de se tornarem zeladores de Umbanda.

Pode haver uma enorme quantidade de outros rituais realizados no terreiro, mas isso se dará de acordo com a singularidade e emergência de cada um. Todos esses rituais são realizados pelo Líder responsável da casa, acompanhado pelo seu Guia mentor e os pais e mães pequenos, se houver.

10 - Desenvolver e doutrinar a mediunidade dos médiuns

Nos Templos de Umbanda é numerosa a quantidade de pessoas que chega com seus potenciais mediúnicos despertos e aflorados. Cabe ao sacerdote acolher e auxiliar nesse processo através de uma "metodologia" que possibilite esses médiuns recém-chegados compreenderem seus dons e capacidades e empregá-los de forma correta e ordenada na religião. Na Umbanda não há apenas médiuns de incorporação, mas também videntes, audientes, psicógrafos, intuitivos, curadores, entre outros. Também cabe ao sacerdote a educação, a doutrina e o aperfeiçoamento dos mais experientes, os chamados popularmente por "médiuns prontos". Todos estão sujeitos ao erro e todos necessitam melhorar algo.

11 - Intervir em casos de obsessão espiritual e magias negativas

Casos de obsessões espirituais provocadas por inúmeras razões são cotidianos nos terreiros. Seja em casos ocorridos com consulentes ou filhos espirituais, o líder, com o auxílio de seus mentores, precisa interceder em situações espirituais negativas que estão gerando ou que possam gerar danos e consequências. Porém, é preciso ter consciência de que a libertação disso se dá também por responsabilidade da vítima, cabendo a ela as mudanças necessárias para sair da situação - e para que ela não se repita. Deve-se também ter a capacidade e o senso crítico para elucidar aqueles que chegam com a "certeza" de estarem demandados, mas muitas vezes não estão. Costumo chamar isso de "síndrome da demanda".

12 - Despertar e fortalecer a fé das pessoas e nas pessoas

A religião é um caminho que pode fortalecer ou derrubar uma pessoa, de acordo com o que ela se torna após o seu ingresso. A doutrina da Umbanda transmite ensinamentos e sabedorias valiosos para que o umbandista seja capaz de elevar-se ao Sagrado e se transformar como pessoa. O dirigente espiritual, além de acreditar naquilo que prega, precisa saber despertar nas pessoas a fé que as levará para essa estimada elevação. É preciso falar de Deus, dos Orixás e Guias com amor e leveza para que o despertar da fé seja natural, espontâneo e livre. Portanto, jamais deve haver ameaças e discursos que amedrontam os umbandistas, afastando-os do caminho que até ontem os fazia muito bem.

13 - Representar a Umbanda com respeito e dignidade

Um sacerdote, além de ser o representante do seu Templo, também o é da sua religião. Onde ele estiver a Umbanda deverá ser sua bandeira. Sua postura, seus valores e comportamentos farão com que sejam formadas opiniões positivas ou negativas sobre ela, refletindo em toda a sociedade e aumentando ou diminuindo o preconceito e a discriminação. Não condiz com os princípios ensinados pelos Guias trabalhos negativos, amarração amorosa, vingança, manipulação das pessoas para benefício próprio ou praticar qualquer tipo de mal. A Umbanda é amor, fé e simplicidade; o dirigente precisa ser capaz de mostrar isso para sua comunidade e para o mundo de forma digna e honrosa.

RESPONSABILIDADE ÉTICA E MORAL

Um sacerdote umbandista tem inúmeras responsabilidades ao assumir a frente de um terreiro. Algumas são mais específicas de cada doutrina, porém, citarei aqui as que são necessárias em toda religião. As reponsabilidades não se resumem apenas em abrir e fechar um trabalho espiritual, preparar amacis, oferendas, firmezas, obrigações. É preciso ser um exemplo a ser seguido pela comunidade. Só assim será possível obter êxito em auxiliar as pessoas a se desenvolverem no campo mediúnico, espiritual, pessoal e social.

Para que isso possa ser realizado com maestria, o sacerdote precisa se preparar para se portar de acordo com o que espera das pessoas. Apenas pela posição assumida de líder, naturalmente elas tendem a seguir, se inspirar nos princípios e agir de acordo com o próprio dirigente, pois a liderança vem do exemplo, e não de imposições e regras que causem medo.

Quando sou procurado por Pais e Mães de Santo de outras Casas buscando orientações para mudanças, melhorias ou resoluções de problemas, eu sempre analiso primeiro os líderes do terreiro. Suas crenças, como reagem aos problemas, como se relacionam com a comunidade, como as pessoas os enxergam e, por último, mas não menos importante, como eles veem a si próprio.

Reflita comigo: é incongruente pensar em um dirigente que se queixa dos médiuns que estão fazendo fofoca no terreiro, sendo que ele também faz. Não condiz um líder cobrar do grupo obrigações espirituais e pessoais que ele mesmo não cumpre. Como evitar um médium cometer um absurdo quando incorporado, se o dirigente faz igual? Como inspirar felicidade, prosperidade, amor e afeto se quem está à frente não retrata esses valores em si? Como pregar respeito entre as famílias, se o dirigente não respeita seus familiares ou trai o seu/sua companheiro/a? Como se posicionar como pai ou mãe e se envolver amorosamente com os filhos espirituais?

Isso se enquadra também nas mídias sociais, nas quais normalmente o dirigente é seguido e acompanhado pelos seus trabalhadores e frequentadores. Imagine um líder religioso se expondo excessivamente de forma negativa, ora mostrando uma vida desregrada, ora expondo indiretas e opiniões nocivas. Que respeito e admiração ele terá dos que estão à sua volta?

Um dirigente precisa ser admirado pelas pessoas para que elas o respeitem e o valorizem. Não se trata de uma admiração para suprir o ego, mas para gerar segurança perante os outros e assim conseguir promover mudanças significativas. Tudo isso pode parecer "careta" demais para alguns, mas assumir um sacerdócio vai muito além de receber a benção dos filhos.

Costumo dizer que a transformação na vida de uma pessoa não principia quando ela entra no espaço religioso, mas sim quando sai e aplica na prática o que ali foi ensinado, direta ou indiretamente. Muitas das lições (boas e ruins) que aprendemos e crenças que adquirimos ao longo da vida foram absorvidas inconscientemente através do meio que nós vivemos. Então se questione: você como dirigente irá ensinar quais lições e influenciar quais crenças e valores nas pessoas?

O terreiro de Umbanda precisa ser uma nova perspectiva na vida dos médiuns e consulentes, proporcionando uma renovação de crenças e dando a cada indivíduo um novo caminho para que este possa se sentir mais pleno, realizado e ter mais prosperidade em todos os sentidos da vida - e isso só é possível com uma mudança de mentalidade, gerando um novo comportamento e trazendo novos resultados.

Tecnicamente, dentro da Programação Neurolinguística (PNL), chamamos isso de "modelagem". Resumidamente te explico o que é isso: a PNL desenvolveu técnicas e distinções para identificar e descrever os padrões verbais e não verbais do comportamento das pessoas – isto é, os aspectos essenciais do que a pessoa fala e o que ela faz. Os objetivos básicos da PNL são modelar capacidades especiais e excepcionais e auxiliar para que essas capacidades se tornem transferíveis para outras pessoas. O propósito desse tipo de modelagem é colocar o que foi observado e descrito em ação, de uma maneira que seja produtiva e enriquecedora. Essa ferramenta nos permite identificar padrões específicos e reproduzíveis na linguagem e no comportamento das pessoas que servem de exemplo.

Sei que costumeiramente muitos acreditam que ser um sacerdote é só cumprir as obrigações dentro do terreiro nos horários de atividade e pronto. Na verdade, o dirigente precisa buscar elevar-se intelectual, moral e espiritualmente para que possa de fato ajudar quem o procura.

Você já deve ter ouvido a frase: "A gente só dá o que tem". Esse ensinamento se encaixa muito bem ao que estou falando. Só conseguimos proporcionar para o outro aquilo que temos em abundância em nós e só inspiramos as pessoas se formos o reflexo daquilo que pregamos. Um médium ou consulente escolhe uma casa por afinidades com a doutrina, energia e pelas características do líder responsável. As pessoas que serão atraídas para um terreiro são aquelas que se afinam com o que é disseminado lá, ou seja, um dirigente problemático e negativo irá atrair pessoas iguais a ele.

Então, com tudo isso, digo a você que se quiser ter um terreiro por longos anos e se sentir pleno e realizado com isso ao invés de carregar um fardo em suas costas, seja o tipo de pessoa que você quer ter do seu lado. Inspire, incentive, encoraje simplesmente pelo exemplo, e verá o verdadeiro sentido de um trabalho espiritual.

BUSQUE SER MELHOR,
MAS CUIDADO COM A PERFEIÇÃO

Complementando o tópico anterior, não podemos falar de moralidade sem ressignificar algumas crenças sobre o assunto. Não confunda a sua responsabilidade em ser um bom exemplo para a sua comunidade com o "ser perfeito" de acordo com as expectativas projetadas em cima de você. As pessoas cobram demais umas das outras e transferem ao outro o que elas gostariam de ser ou conquistar. Daí quando este outro "falha" – de acordo com a expectativa criada – as pessoas em volta julgam como se este alguém não fosse passível de erro ou que ele não pudesse ter uma vida "normal". Isso é um grande equívoco! Vemos esse tipo de situação na atualidade o tempo todo. Um líder religioso diz que está com depressão e as pessoas julgam a sua fraqueza. Aparece um dia cuidando da sua saúde e do corpo em uma academia e dizem que é uma vaidade desvirtuada. Sonha em comprar um carro, mas é julgado por ser materialista.

Naturalmente, o ser humano busca "heróis"; pessoas que se tornam referências de ideias e sonhos que estão no íntimo de cada um, tudo para acreditar que aquele caminho que ele deseja percorrer alguém já passou por ele e venceu. Até aí não tem tanto problema, mas o assunto fica complexo quando se trata de religião.

Creio que por todas as referências e influências que temos de religiões como o Catolicismo e seus princípios morais, muitos confundem o sacerdote de Umbanda com aquela imagem criada pela igreja de pureza e castidade. Isso precisa ser desconstruído urgentemente, pois, na Umbanda, o conceito de "moralidade ideal" é visto sobre a perspectiva do livre-arbítrio. Porém, ainda que haja essa liberdade em criar os seus princípios e caráter adequados ao grupo, é preciso um senso crítico aguçado para reconhecer o que há de bom e o que há de ruim naquilo que está sendo proposto e discernimento para reconhecer quando algo precisa ser mudado.

SEGREDOS DO SACERDÓCIO

Por isso que eu propus - em alguns tópicos acima - que o sacerdote procure conhecer-se a ponto de saber o que ele irá inspirar, que tipo de pessoas irá atrair e onde essas pessoas irão chegar. Seja um bom exemplo a ser seguido, transforme-se em uma pessoa melhor a cada dia, seja justo, honesto, altruísta, generoso, respeitoso de acordo com suas capacidades e ensine as pessoas sobre esses valores e virtudes. Mas não se engane agindo com um moralismo que você não poderá sustentar por um longo prazo e que nem as pessoas poderão, talvez, um dia conquistar. Seja autêntico e transparente. Seja a melhor versão de si mesmo!

SER UM BOM FILHO
PARA SER UM BOM PAI

*"Só se levanta para ensinar
aquele que se sentou para aprender!"*

Entendo que um líder só é capaz de desempenhar bem sua função se ele próprio já esteve na posição de liderado e cumpriu com maestria os seus deveres. Sem ter se curvado a alguém, é irônico esperar que os outros se curvem a ele. Se o médium com missão sacerdotal não souber reconhecer a trajetória do seu dirigente e tudo o que ele passou, viveu e aprendeu para chegar ali, é contraditório esperar que os outros valorizem e se dediquem à sua causa. Faz-se necessário entender que um dirigente é fruto de uma história de vida, dentro e fora da religião, e os fundamentos de sua Casa serão de acordo com o que ele traz na bagagem. Não se trata de achismos, mas de experiência vivenciada e aplicada.

É preciso ser "obediente" às diretrizes impostas no terreiro e seguir os fundamentos à risca, até porque se esse foi o caminho escolhido, penso que o mínimo a se fazer é respeitar e se adaptar. Se não, saia de uma vez por todas! Se o médium não ajuda na manutenção da sua Casa, se ele não cumpre as obrigações que lhe são determinadas, se não é capaz de pegar uma vassoura para varrer o chão, se fala mal dos seus irmãos de fé e do seu dirigente, se não é prestativo sem ser pretencioso, se não participa das ações sociais, se não ama completamente aquilo que faz, será difícil delegar tais funções e exigir posturas dos seus tutelados. Um aspirante a sacerdote não pode estar envolvido em problemas evitáveis que circundam todo Templo umbandista.

Muitas vezes, o médium discorda de como são conduzidas as coisas no seu terreiro – me pergunto então para que integrou-se e continua em um lugar com o qual não compactua? – e por orgulho abre seu próprio numa tentativa fracassada de mostrar que estava certo. Pois bem, todos sabem que há muitas casas que abriram e continuarão abrindo dessa forma. Não estamos aqui para julgar o que os outros fazem, mas para refletir sobre o que nós fazemos e o que podemos evitar futuramente. Você pode me perguntar: Pai Alan, mas qual o problema disso, se temos o livre-arbítrio para fazermos nossas próprias escolhas?

A grande questão não é o que você pode ou não fazer, mas o que deve ou não para chegar ao seu objetivo. A energia que levamos conosco das coisas ruins e mal resolvidas que vivemos no passado perduram ao longo de toda nossa jornada. Colocamos o assunto dentro de um saco e vamos em frente, até que surge a vontade de largar o saco em qualquer lugar e prosseguir. O assunto passa de mal resolvido a abandonado, até que chega uma hora que somos cobrados por aquele abandono. A vida não manda aviso de cobrança, simplesmente coloca no seu caminho aquele débito e ainda diz que existem juros e correções. A partir daí a gente entende que tudo o que plantarmos, iremos colher, de uma forma ou de outra, querendo ou não.

Para ser realmente livre e construir um caminho próspero como sacerdote é preciso ser capaz de se livrar das correntes de rancor e ódio trazidas do passado. Tudo está interligado: o passado, o presente e o futuro. Nada cai no esquecimento do universo e nenhuma colheita deixa de ser feita. Quer ter sucesso no caminho? Olhe para trás e veja se existem débitos a serem reparados por onde passou.

A PREPARAÇÃO E INICIAÇÕES NECESSÁRIAS

O primeiro critério que legitima um indivíduo que vai se tornar Sacerdote é a confirmação da sua missão espiritual, constatada pelos Mentores espirituais que o conduzirão. Sem isso, não há preparo, iniciação, consagração que o transforme em tal. Deixemos isso bem claro!

Antigamente encontrávamos muitos casos em que a Entidade-chefe se manifestava e determinava que a partir daquele momento nasceria um novo terreiro, mesmo que o seu "cavalo" não tivesse muito conhecimento ou tivesse passado por rituais específicos, a missão era apresentada e muitas vezes iniciada imediatamente.

Como referência disso, temos o médium Zélio Fernandino de Moraes, que, aos 17 anos de idade e "sem qualquer preparo", manifestou o Caboclo das Sete Encruzilhadas e anunciou uma nova religião, fundando a então Tenda Espírita Nossa Senhora da Piedade. Essa é uma característica da religião de Umbanda, em que uma pessoa - muitas vezes com pouca experiência e sem nenhum certificado - pode abrir um terreiro por meio do chamado da espiritualidade.

Porém, mesmo sabendo que isso era comum e possível de acontecer, devemos ter cautela com essa facilidade nos dias de hoje e compreender que os tempos mudaram, as pessoas não pensam como antes e as necessidades cotidianas e espirituais também são diferentes. A comunidade umbandista atualmente é muito mais movida pela prática racionalizada do que pela fé somente. O acesso à informação, a liberdade de expressão, a mentalidade de autossuficiência da nova geração e uma sociedade cada vez mais doente emocionalmente exigem do sacerdote uma preparação espiritual e intelectual suficientemente adequada para lidar com o turbilhão de coisas que envolvem o ser humano - ser humano esse que chegará ao terreiro como médium ou consulente.

Essa preparação pode variar de doutrina para doutrina. Segundo a doutrina do Templo Escola Casa de Lei, há procedimentos necessários que devem ser seguidos por todos que se tornarão dirigentes:

- Passar por rituais de limpeza e purificação energética antes das iniciações (fechamento de corpo, ebó, sacudimento);
- Firmar e oferendar o Exu, Pombagira e Mirim nos seus respectivos pontos de força;
- Assentar Exu na tronqueira do Terreiro;
- Receber os amacis de todos os Orixás cultuados na Casa;
- Firmar e oferendar todos os Orixás nos sítios da natureza correspondentes;
- Lavar a cabeça nas águas doce e salgada;
- Assentar os Orixás da coroa no congá;
- Firmar e oferendar o Mentor espiritual no ponto de força dele;
- Assentar o Mentor no terreiro;
- Firmar e oferendar os Guias espirituais no terreiro.

Fora ter vivido no terreiro por alguns anos, praticado a Umbanda com amor e humildade, aprendido com os que sabem mais, errado, acertado e amadurecido como pessoa e médium, tudo o que citei é crucial para "formar" um líder umbandista. Além disso, julgo tão importante quanto a parte espiritual – tanto que trataremos desse assunto no próximo tópico – a busca por estudos e conhecimento de diversas áreas para que se tenha repertório suficiente para cada uma das situações que chegarem até o terreiro.

Estudos essenciais para um dirigente

O conhecimento de um dirigente é a base de um trabalho sólido, responsável e coerente. Abrir um terreiro ou assumir um cargo nos tempos atuais exige que se tenha bagagens teórica e prática suficientes para exercer o seu papel com excelência, podendo preparar mais adequadamente os seus filhos espirituais e dar a eles as respostas que necessitam.

Às vezes recebo mensagens de médiuns de outras casas trazendo questionamentos que poderiam ser respondidos pelos próprios dirigentes. Porém, acontece muito de quando a pergunta é levada, a resposta ser: "É assim que tem que ser" ou "Não é o seu tempo de saber sobre isso".

Certamente, algumas coisas são complexas demais para serem explicadas e ensinadas a um médium que ainda está aprendendo o básico. Ensinava a Iyalorixá e escritora Mãe Beata de Iemanjá: *"Sou de uma religião em que o tempo é ancestralidade. A fruta só dá no seu tempo, a folha só cai na hora certa"*. Essa é uma sabedoria comum dos mais antigos que devemos continuar seguindo. Porém, hoje, com a velocidade e a acessibilidade da informação na internet, dificilmente os médiuns ficam sem respostas. O problema está na procedência dessas informações, as quais terá acesso, e o que a partir dali ele começará a acreditar e praticar. A falta de orientação dentro de uma Casa poderá resultar em um desequilíbrio de conceitos e ritualísticas entre líder e liderados.

O conhecimento precisa ser uma prioridade na vida do indivíduo que seguirá o caminho sacerdotal na Umbanda. Ler livros, fazer cursos e treinamentos, assistir palestras, visitar outros terreiros, centros e barracões, discutir assuntos pertinentes com outros dirigentes e se aprofundar nos detalhes dos fundamentos da sua própria Casa são atitudes que precisam ser vistas com tanta importância quanto às obrigações espirituais. No sentido espiritual, o sacerdote precisa conhecer o suficiente sobre:

- As religiões que influenciaram a Umbanda;
- A história da religião e suas várias vertentes;
- Os Orixás na Umbanda e em outras tradições;
- Os Guias espirituais, falanges e suas particularidades;
- Oferendas;
- Firmezas;
- Assentamentos;
- Ervas;
- Rituais para diversos fins;
- Mediunidade e suas variações;
- Energias e magnetismos manipulados no terreiro.

Além disso, fica a critério do líder se aprofundar e se especializar em temas do seu interesse e de acordo com a necessidade da sua comunidade. Pode-se estudar, ainda, sobre: Oráculos, Reiki, Cromoterapia, Chacras, Meditação, Magias, Xamanismo, entre outros assuntos. Tudo o que for aplicável ao trabalho umbandista e permitido pela espiritualidade superior que conduz o terreiro, o dirigente poderá utilizar. Fora do contexto espiritual, indico que o sacerdote busque conhecer o suficiente sobre:

- Psicologia;
- Persuasão;
- Liderança e gestão de pessoas;
- Administração;
- Como falar em público;
- Constelações sistêmicas - familiar e organizacional;
- Crenças e valores;
- Prosperidade;
- Felicidade;
- Relacionamentos;
- Saúde e qualidade de vida.

É claro que a busca por esses temas leva tempo e exige força de vontade e um bom investimento. Mas é preciso ter consciência das coisas que acontecem no plano material para de fato conseguir ajudar as pessoas à sua volta e a si mesmo. O ser humano é movido por impulsos de acordo com suas crenças, mentalidade e valores. As escolhas que ele faz, os padrões que repete, o perfil de pessoas com as quais se relaciona, como reage aos problemas, os resultados que obtém, algumas doenças físicas e mentais, tudo isso é a soma de muitos fatores, acrescidos à visão de mundo que ele aprendeu a ter. Se um dirigente estiver limitado apenas a conhecimentos espirituais, achando que tudo se revolve com vela e fundanga, não será capaz de impactar positivamente a sua comunidade e as soluções serão - na maior parte das vezes - superficiais.

Você já deve ter visto aquelas pessoas que vão de terreiro em terreiro buscando a solução para os seus problemas, fazem todo tipo de ritual e trabalhos, mas nunca as coisas se solucionam. Será que o problema seria, mesmo, espiritual ou seriam alguns comportamentos que precisam de mudança? É mais fácil acreditar que é "coisa do diabo", porque assim não cabe à própria pessoa resolver, mas sim aos outros. Infelizmente, essa é uma postura comum em todos os lugares, por isso, cabe a quem está consciente mudar essa cultura de vítimas do destino para protagonistas da própria vida.

O CUIDADO COM A PRÓPRIA ESPIRITUALIDADE

Não há nada mais belo e legítimo do que o ser humano fazer o bem; se dispor para o outro de forma despretensiosa e com amor, como se estivesse fazendo a si próprio. Porém, não há nada mais terrível do que esquecer-se de si e abandonar as próprias necessidades. Como cuidar de alguém estando doente? É coerente pular no mar para salvar outra pessoa se você não sabe nadar? De que forma poderá dar ao outro aquilo que não tem?

Por muitos fatores, o sacerdote umbandista precisa de cuidados constantes para a manutenção e fortalecimento da própria energia e a do Templo. Ataques espirituais são constantes e não avisam quando batem na porta. Além do que, o ato de se doar é extremamente desgastante, impactando tanto energeticamente quanto no físico e mental.

Aquele que está à frente é o canalizador das energias que sustentam aquele lugar, é o elo que conecta toda a corrente mediúnica ao terreiro e dá sustentação aos trabalhadores para que tudo ocorra de forma equilibrada e sem imprevistos. Logo, qualquer demanda ou influência negativa irá passar primeiro por ele, para depois se dissipar em todos os envolvidos. Pense, se um médium que está negativo é capaz de provocar oscilação na energia dos trabalhos, imagine o que pode causar um dirigente nessas condições.

Então, para a saúde espiritual do terreiro, o sacerdote precisa manter as suas obrigações e ritualísticas pessoais em dia. Quando me refiro a "pessoais", estou deixando claro que se trata de procedimentos à parte do coletivo. Isso pode ser feito por outro dirigente de confiança ou pelo próprio junto aos seus Guias. Tenho como costume, de acordo com as orientações do Exu das Matas, oferendar os meus Orixás e Guias nos pontos de força de tempo em tempo. Dirijo-me à praia, cachoeira, mata, pedreira, trilho de trem, mirante, estradas de terra e onde mais for necessário. Especialmente para essa entidade mentora, faço entregas mais constantes nas matas e forneço a ela todos os recursos necessários para trabalhar comigo a favor da nossa causa. Tomar banhos frequentes na cachoeira e mar é um ritual que não dispenso. E sempre que percebo uma instabilidade em minha energia, vou ao cruzeiro das almas e firmo as forças que podem lidar mais profundamente com qualquer negatividade. Fora essa rotina, estou sempre atento às recomendações vindas do Alto, tanto no sentido energético quanto mental.

Compartilhei com você algumas particularidades na minha relação com o sagrado ao longo do ano para que possa ter uma ideia do tamanho dos cuidados e precauções que um sacerdote precisa ter se quiser fazer um trabalho firme e benéfico. Certamente cada indivíduo tem a sua necessidade, por isso, recomendo que ao abrir o seu terreiro, peça aos seus Guias orientações sobre como você poderá se cuidar individualmente e em caso de situações que fogem do controle. Tenho certeza de que eles irão lhe fornecer todas as diretrizes necessárias de acordo com o que você precisa.

O MOMENTO CERTO PARA ABRIR UM TERREIRO

Essa é a preocupação de quase todos que irão abrir um terreiro. Como saber se é a hora certa? Como saber se estou agindo por impulso? Como saber se estou procrastinando? Questões comuns e, diria, até necessárias.

O receio de assumir tal responsabilidade e o medo do que virá pela frente são sentimentos comuns em todo indivíduo que precisa fazer escolhas cruciais em sua vida. Sem contar que essa insegurança é importante para que se tenha cautela e discernimento suficientes para impedir que as próprias vontades e ansiedades decidam as coisas por si mesmas, ao invés de seguir as determinações vindas da espiritualidade.

Eu posso dizer que não existe a "hora certa" para abrir um terreiro, mas sim o momento ideal de acordo com as necessidades e possibilidades de cada um. Não basta apenas ter um local físico determinado, um congá montado e a tronqueira fundamentada. Antes de oficializar publicamente a abertura de uma casa, é preciso que diversas outras coisas estejam em perfeita harmonia e ordem.

Ser dirigente é um caminho de dedicação, sacrifício, abnegação, amor, boa vontade e que exige muita sabedoria; sabedoria essa que só o tempo é capaz de proporcionar. Antes de se preocupar com quem serão os médiuns que você conduzirá, os pontos que irão cantar, as roupas que vestirão, é primordial que todos os passos citados anteriormente nesse livro tenham sido bem entendidos e que aquele espírito de liderança faça parte de você.

Uma vez o Pai Joaquim de Aruanda – preto-velho que me acompanha - disse: *"Sem paciência, a sabedoria não se constrói. Respeitar o tempo sagrado de cada coisa, viver bem o hoje e desfrutar do que existe no presente é a chave da paz que vocês ainda não têm"*. A missão sacerdotal não é emergencial, ou seja, não é preciso começar a correr atrás da noite para o dia após a confirmação do chamado. No tempo exato, de acordo com o preparo e o amadurecimento de cada um, o caminho por si só vai se construindo. Com o tempo percebemos que as escolhas vêm Deles e nós somos somente os responsáveis por materializar o que já foi construído noutro plano.

Mesmo com esses esclarecimentos, a questão ainda existe: qual o momento ideal para mim? Como descubro quando devo começar?

Essa é uma resposta que só você poderá responder. E, para isso, será necessário mergulhar fundo no seu íntimo e sentir o que seu coração está tentando te fazer entender. Os Guias podem falar conosco de diversas formas. Você já deve ter sentido que não deveria fazer algo, ir a algum lugar, ou se envolver com tal pessoa. Muitas vezes parece apenas um pensamento sem sentido, fora de ordem e confuso, mas na verdade pode ser que os seus amigos espirituais estejam te aconselhando e te conduzindo ao melhor caminho. Precisamos levar em consideração o que sentimos, pois pode haver, entre os tantos pensamentos e sentimentos nossos, recados e orientações do Alto.

Você deve se lembrar da primeira vez que pisou em um terreiro de Umbanda ou talvez da primeira vez que sentiu desejo de fazer parte de uma corrente mediúnica... E com certeza o que te levou a decidir vestir o branco e se dedicar a isso. Tenho certeza (ao menos espero) que ninguém decidiu isso por você. Algo aí dentro te encorajou, sendo maior e mais forte que o medo do desconhecido. Você simplesmente foi lá, e fez, mesmo com dúvida, medo e insegurança.

Está aí a resposta da pergunta feita acima: o momento ideal vem de dentro, uma força visceral que nos move em direção ao que queremos e precisamos. E isso não precisa de lógica, nem de possuir as condições perfeitas. Só é preciso bom senso e coerência para não ser irresponsável e negligente. Quando há o equilíbrio entre a intuição e a ponderação, nada pode te impedir de dar o próximo passo.

FAÇA ISSO ANTES DE ABRIR PUBLICAMENTE OS TRABALHOS

Quando fundei o Templo Escola Casa de Lei, no ano de 2010, fui orientado pelo meu mentor espiritual a, durante um tempo, realizar os trabalhos sem nenhum consulente, fechado apenas para mim e alguns médiuns. Por quase um ano fiz dessa forma, silenciosamente e sem olhares com julgamentos e expectativas.

Após esse período de quase 12 meses, o Preto-Velho Pai Joaquim de Aruanda determinou que começássemos os trabalhos públicos, porém, iniciando com um tratamento restrito feito por ele para pessoas com obsessões complexas, depressão, síndrome do pânico e outros. Essas atividades duraram alguns meses e logo recebemos a permissão de abrir as giras para a assistência.

Considero essa fase vital para o que me tornei hoje, para aquilo que acredito e que pratico. Muitas coisas boas aconteceram; fui curado no físico e no mental, aprendi a ter mais paciência com as etapas, conheci um pouco mais dos meus Guias e da nossa ligação antepassada, me integrei mais à causa que move o nosso Templo e pude adquirir aprendizados espirituais e de vida que não teria adquirido em lugar algum. Por essa experiência pessoal e pelas instruções dos Mentores que me guiam, creio que um período de trabalhos fechados seja imprescindível para a elaboração cautelosa da fundamentação da Casa e amadurecimento pessoal e mediúnico de todos os envolvidos.

PARTE 3

A ABERTURA DO TEMPLO

Reconhecendo os mentores e responsáveis espirituais

Cada indivíduo, umbandista ou não, tem ao seu lado espíritos de luz para o guiarem ao longo da encarnação. Algumas religiões proporcionam a possibilidade de se relacionar com eles, como é o caso da Umbanda, através da incorporação e de outras faculdades mediúnicas. Esses seres são amigos de alma, familiares e antepassados mais evoluídos, que, com a permissão de Deus, vêm ajudar a quem amam, se colocando ao nosso lado e dentro do possível nos norteando para encontrarmos o nosso caminho de evolução. Assim são os nossos

Guias: leais, amorosos, disciplinadores, gentis, rígidos quando necessário e completamente despretensiosos. Porém, dentre esses, existe um que carrega uma responsabilidade maior sobre você, sua vida pessoal e espiritual. É ele quem irá te direcionar às experiências de aprendizado na matéria, te dará frequentemente bons conselhos, te conduzirá para o melhor caminho e, principalmente, te guiará até o seu propósito de vida. Essa é a entidade que chamamos de Mentor espiritual, ou também: Guia-chefe, Guia de frente, Cacique de coroa, Chefe de coroa. Pode ser qualquer entidade de luz que te acompanha - desde um Preto-Velho a uma Pombagira.

Para saber quem ele é legitimamente, é necessário que o próprio, quando incorporado em você, se intitule como tal ou transmita essa informação a alguém, podendo ser a um cambone ou qualquer outra pessoa. Não considero outras fontes externas tão seguras quanto essa.

Creio convictamente que se você buscou este livro com a certeza de que sua missão é abrir um terreiro de Umbanda, já deve saber (ou desconfiar) quem é o seu mentor. Normalmente vem dele essa confirmação, assim como também é dele a responsabilidade de "cobrar" pelos erros e percalços do caminho. Essa entidade está ao nosso lado desde quando fomos concebidos e permanecerá, no mínimo, até o último dia dessa encarnação.

O mentor espiritual é o líder do terreiro. A entidade-chefe da Casa. As ordens, regras e necessidades normalmente virão dele, mesmo quando transmitidas por outros Guias. Tudo o que acontece em um terreiro, espiritualmente falando, só ocorre com a permissão dele. Além da parte espiritual, ele também pode intervir na comunidade, de acordo com a carência de recursos e capacidades do Pai de Santo. Se falta pulso firme, coerência, liderança e potenciais no dirigente, esse Mentor pode tomar a frente diante de qualquer situação e assumir o papel do líder que está faltando naquele lugar.

Porém, ainda que o Guia tenha essa capacidade de intervir quando necessário, penso que o dirigente deve ser capaz de levar o mínimo de problemas a ele, e só levar quando já foram esgotadas todas as possibilidades. Entenda o Templo como uma grande empresa; o presidente é a Entidade-chefe, o Sacerdote o diretor e as outras funções compõem a organização para o bom funcionamento do todo. Assim como em qualquer instituição, o presidente escolhe os líderes e delega funções de acordo com as responsabilidades de cada um e tudo o que precisa ser feito é cumprir com excelência o papel determinado. Na espiritualidade tudo é muito bem-organizado. Cada espírito vem para realizar algo e assim o faz com primazia.

Quando um Templo umbandista é aberto, há uma enorme mobilização espiritual em torno da iniciativa. Espíritos engajados na causa que moverá esse templo se unem, uns por ligações pessoais de outras vidas, outros por afinidade ao propósito ou conveniência do momento, e - juntos - formam a cúpula espiritual que será a responsável pela materialização daquilo que foi predestinado e planejado na outra dimensão. Costumo enfatizar que abrir um Templo ou fechá-lo é algo muito sério, pois envolve tanto pessoas encarnadas quanto desencarnadas, que esperam do dirigente eleito o cumprimento da sua missão.

Com isso, entendemos que um terreiro tem uma entidade-chefe, mas também algumas outras com cargos e funções para distribuir as responsabilidades e assim manter a ordem de toda a organização. Usando como exemplo o Templo Escola Casa de Lei, temos o Ogum de Lei como força sustentadora, Exu das Matas como mentor, o Pai Joaquim de Aruanda responsável pelas consagrações, amacis e obrigações da corrente, e o Baiano Zé do Coco sendo aquele que lidera o desenvolvimento mediúnico de todos aqueles que procuram a casa com essa finalidade. Além deles, é possível perceber que os outros também possuem as suas reponsabilidades específicas, porém não "declaradas" para nós. Os Guias normalmente que se apresentam com tais funções são aqueles que acompanham o sacerdote do Templo.

Portanto, em todo terreiro existe uma hierarquia espiritual muito bem organizada e com todos os espíritos bem qualificados para desempenharem os seus papéis brilhantemente. Cabe, então, aos encarnados prepararem-se adequadamente para conseguirem transmitir e concretizar os desejos e planos daqueles que estão acima de todos.

DEFININDO A DOUTRINA E A FUNDAMENTAÇÃO

Como comentado anteriormente, cada dirigente irá compor o seu trabalho com o conhecimento que adquiriu ao longo de sua jornada dentro e fora da religião e fundamentará sua casa com base no que aprendeu até ali, somado às orientações dos Guias e Mentores. Ainda que Umbanda seja Umbanda em qualquer lugar, há variações que diferem um terreiro do outro, muitas vezes, divergindo até em fundamentos. Além das particularidades que envolvem cada terreiro, podemos entender essas especificações como vertentes. Toda religião tem essa diversificação nos fundamentos e crenças, por exemplo: o cristianismo tem três divisões principais: Catolicismo, Ortodoxia e Protestantismo. Vemos isso também no budismo: Budismo Tibetano, Budismo Zen, Budismo Mahayana e Budismo Hinaiana.

Como sacerdote, é preciso se conhecer o suficiente para saber de onde veio, o que faz, o porquê e para onde vai. A linha doutrinária de uma casa é o que norteia todos os integrantes. É ela que forma a base teórica de toda liturgia. Naturalmente, um terreiro que tenha mais influências africanistas, terá fundamentos diferentes daquele que tem uma base mais espírita. Não é obrigatório que um terreiro tenha um rótulo que torne explícita a vertente que ele tem no seu pilar, mas é preciso que possua uma linha de pensamento consciente e bem fundamentada para que não haja "misturas" involuntárias e/ou influências externas desnecessárias.

Entretanto, existe uma curiosidade que ocorre em muitos terreiros de umbanda recém-fundados. Tem início com uma linha de pensamento e, ao longo do tempo, de acordo com o amadurecimento do sacerdote, outras filosofias, crenças e fundamentos são inseridos espontaneamente. É como se o terreiro começasse a encontrar o seu próprio caminho e identidade. E nesse momento, quando o líder já saiu da sua zona de conforto e está mais aberto a mudanças, os Mentores têm mais possibilidades de transmitir o que eles realmente querem, qual a causa que os move e qual será o perfil de trabalho a ser seguido; se esse terreiro vai lidar mais com cura, com desobsessão espiritual e magias negativas, com o despertar do conhecimento, com o resgate e alinhamento da ancestralidade ou tudo ao mesmo tempo. Isso irá se construir aos poucos, ano a ano. O Templo de Umbanda é totalmente mutável e os Mentores poderão mudar a direção de acordo com as necessidades e capacidades dos integrantes como um todo.

Escolhendo e preparando o espaço físico que sediará o terreiro

Até aqui falamos das coisas que preparam um sacerdote para o que ele possivelmente viverá ao longo do seu caminho, propondo uma mudança de mentalidade e despertando a conscientização da tamanha responsabilidade que está por trás dessa função. A partir de agora iremos tratar do local físico no qual serão realizados os trabalhos espirituais e onde irá se consumar tudo o que abordamos nos tópicos anteriores:

a missão, o compromisso, a doutrina, os mentores e as entidades-chefes, a postura, as responsabilidades, os deveres, os fundamentos e a doutrina.

Preferencialmente o terreiro precisa ser fundamentado em um local fixo, destinado apenas para essa finalidade. Não é recomendado que o ambiente atribuído ao espaço religioso seja utilizado para outros objetivos. Para que a energia da fundamentação possa criar raízes, é necessário que haja a preservação do axé das forças firmadas e assentadas no local. O congá e a tronqueira, especialmente, precisarão estar fixados no local determinado por você e/ou pela espiritualidade e só poderão ser alterados por ordens superiores ou com a permissão deles.

Portanto, você pode optar por fazer o seu trabalho espiritual em sua residência ou em outro endereço. Para ambos os casos existem prós e contras, mas há um agravante maior quando falamos de moradia. O solo de um terreiro é sagrado e não deve ser utilizado simultaneamente para fins que não sejam espirituais. Apesar de as pessoas utilizarem da conveniência de seus lares para inserir outras funções, enfatizo dois pontos que considero mais críticos:

1) A falta de estabilidade e fixação energética. As energias do terreiro se constroem com o tempo e exercício, ou seja, se não houver um ponto fi-

xo de concentração do axé, dificilmente ele se manterá elevado e se enraizará naquele local. Isso pode resultar em um ambiente instável e propenso a influências de ordem negativa. Qualquer demanda que o terreiro receber poderá impactar no lado pessoal e familiar dos que residem no local.

2) O terreiro irá atrair naturalmente seres encarnados e desencarnados em situações distintas, isso porque é a função dele transformar o negativo em positivo, tratar a dor e o sofrimento alheios. E isso ocorre o tempo todo, todos os dias, mesmo fora das atividades públicas. O templo transforma-se em uma base de trabalho da espiritualidade na Terra, normalmente com muitos espíritos de muitos níveis vibratórios envolvidos. Ter um terreiro no mesmo cômodo que você utiliza para cunho pessoal, como quarto, sala ou ambiente de trabalho, é como viver em um hospital no setor de emergência, convivendo entre doentes e acidentados em situações críticas chegando e saindo o tempo inteiro. Não seria nada confortável, concorda?

Ainda assim, se a sua casa for a única possibilidade de iniciar a sua missão, determine então um cômodo, prepare-o e restrinja-o para esse propósito. Importante ressaltar que a espiritualidade não precisa de um espaço enorme, bem confortável e bonito visualmente. Eles se adaptam ao que temos em mãos e irão fazer um ótimo trabalho independente de qualquer limitação material.

Sendo na residência ou em um salão, o ambiente precisa ser preparado antes da montagem da tronqueira e do congá. Essa preparação começa pela estrutura física, como a limpeza do chão, pintura nas paredes e teto, elétrica e encanamento em ordens e banheiros funcionando. Por mais simples que o ambiente seja, o básico precisa estar em bom estado.

Com o ambiente limpo e adaptado, partimos para a preparação espiritual. Tudo o que precisamos fazer inicialmente é neutralizar toda a energia que estiver ali. Podemos fazer isso com rituais de descarrego ou outros procedimentos que sejam do conhecimento do próprio dirigente. Preferencialmente faça isso em uma segunda-feira, após as 19 horas. Os tópicos a seguir indicam um passo a passo do que recomendo que seja feito.

Limpeza do solo

Encha uma bacia com água da chuva ou mineral, misture sal grosso, fumo de corda, arruda e pó de dandá-da-costa. Vá umedecendo um pano virgem na água e passando em todo o ambiente, do fundo para frente. Passe também nos batentes das portas e janelas. Feito isso, dispense o pano no lixo fora da sua casa e o restante do preparado em um buraco na terra em algum jardim ou mata, enterrando tudo.

Queima de fundanga

Imediatamente após a limpeza de solo, deve-se fazer a queima de pólvora para neutralizar e dissipar as energias impregnadas no chão, paredes e tetos. Risque com uma pemba branca no chão o desenho da figura a seguir e por cima distribua a fundanga de forma a cobrir todo o símbolo. Entoando cantigas de descarrego, utilize uma vela palito branca para queimar cada ponto na sequência, do 1 ao 3.

```
|        Congá         |
| 1        3        2  |
|                      |
|                      |
|                      |
|                      |
| Tonqueira            |
```

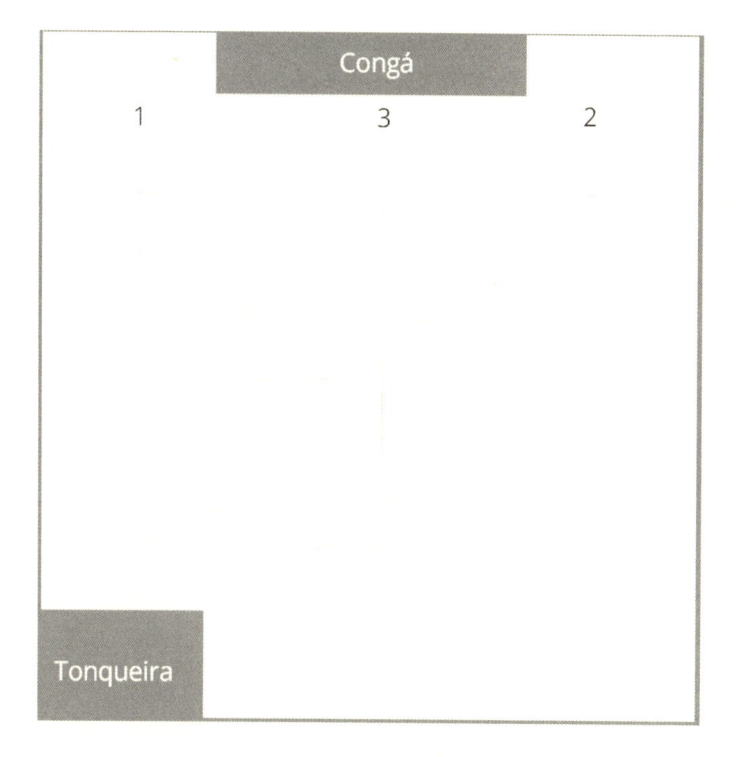

Após a queima da pólvora, coloque no centro do desenho principal uma vela de sete dias preta, uma velas de sete dias brancas no centro de cada cruz ao topo do desenho, e quatro copos de água nas extremidades dos símbolos, como mostra a figura abaixo:

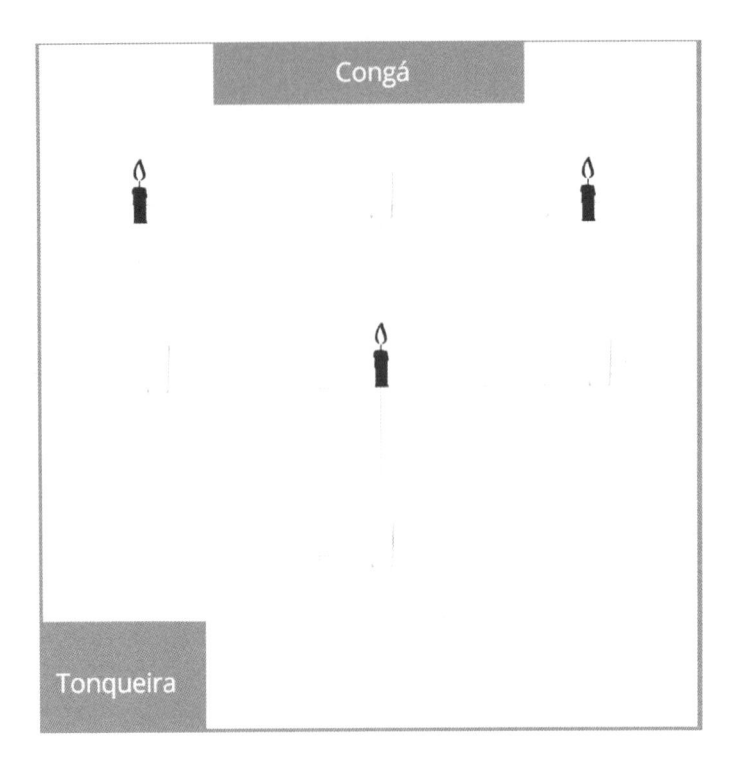

Ao final dos sete dias, dispense o resíduo das velas no lixo; a água deve ser dispensada na rua em frente ao terreiro. Ao concluir, limpe e higienize o ambiente. Só assim o ambiente estará pronto para a próxima etapa.

Defumação

Da maneira convencional, faça uma defumação em todo o ambiente com todas as portas e janelas abertas. Utilize as ervas da sua preferência, focando principalmente naquelas que proporcionam energias agregadoras e equilibradoras. Com tudo feito, basta montar e fundamentar respectivamente a tronqueira e o altar, que serão detalhados nos capítulos a seguir.

FUNDAMENTAÇÃO DA TRONQUEIRA

Como tudo na vida possui seu equivalente no lado oposto, seria imprudente ignorar a disparidade também encontrada no meio ritualístico. A tronqueira se opõe diretamente ao altar, uma vez que enquanto a primeira encontra em seu papel a absorção e esgotamento, o segundo assume completamente a incumbência irradiadora e sustentadora. Esse conjunto funciona como uma pilha que precisa dos dois polos para seu funcionamento adequado.

É importante saber que uma Tronqueira está diretamente relacionada com o altar, sendo o altar o irradiador e sustentador, e a tronqueira vem cumprir um papel esgotador, absorvedor e descarregador de nossas casas. Esta estrutura recebe muitos nomes: casa de exu, tronqueira, casa de compadre, gaiola, casa da rua, entre outros. O que precisamos ter em mente em relação a uma tronqueira de terreiro é que ela vai servir como o receptáculo do assentamento de esquerda.

A palavra "Tronqueira" surge da palavra "tronco", que, por sua vez, possui algumas ramificações conceituais interessantes:

1) Tronco familiar, como sendo a base de todos os membros;

2) Tronco de árvore, responsável pela comunicação entre a raiz (embaixo) e as pontas dos galhos (alto);

3) Tronco como membro superior, que gera estabilidade e segurança ao restante do corpo, bem como comporta todos os órgãos vitais.

Todos esses nomes citados remetem à solidez e à estabilidade, indicando que seria necessário muito mais do que esforços comuns para derrubá-los. Essa simbologia estende-se à tronqueira, mas o ápice teórico que a envolve diz respeito ao portal de polaridade negativa com funções anuladoras, esgotadoras e absorvedoras que carrega em si.

Para que ela seja firmada é essencial que o local adequado seja escolhido – sem jamais desrespeitar as regras da tradição seguida pela casa que solicitou que fosse feito o assentamento. Ainda que uma ou outra questão pareça volúvel à primeira vista, há razões que levam o dirigente da casa a determinar que a colocação de Exu será externa ou interna e elas devem ser levadas em conta.

Localização

Pode-se instalar uma tronqueira internamente, externamente, em passagens ou lugares reservados - o que determinará a melhor alternativa é a quantidade de espaço útil disponível para a montagem. Muitas vezes, as tronqueiras exigiram um belo malabarismo por parte de alguns dirigentes para que fossem encaixadas ao resto de forma minimamente confortável – até paredes falsas atrás do altar já foram instaladas para esse propósito.

A localização do portal não altera a natureza do trabalho caritativo feito na casa nem desperta qualquer reação negativa das energias. Exu é essencialmente justo, benevolente, adaptável, o verdadeiro e único senhor das estratégias, logo, deve ser tratado como tal mesmo quando representado por apenas um ponto.

Montagem

Após efetuar a seleção do lugar, deve-se inicialmente lavar o chão com pinga, forrá-lo com sal grosso, firmar quatro velas de sete dias pretas nos cantos e uma vela de sete dias branca no ponto central para que haja o esgotamento e a neutralização daquele espaço que se tornará um ponto de força. Também é recomendável que se forre o chão do espaço com folhas de aroeira, eucalipto, mamona, comigo-ninguém-pode, folha do fogo e bagaço de cana. Após sete dias, um padê de Exu, um padê de Pombagira e um padê de Exu Mirim devem ser arriados e o Exu, Pombagira e Mirim do Sacerdote devem se manifestar para firmar e "tomar posse" da tronqueira.

ALAN BARBIERI

Firmezas necessárias

Antes da realização do assentamento e depois da oferenda ter sido feita, é sugerido que algumas firmezas para Exu, Pombagira e Exu Mirim também sejam realizadas. Para deixar clara a diferença entre um assentamento e uma firmeza, basta comparar a necessidade de um leitor com um livro nas mãos: ele pode acender um abajur e fazer sua leitura de forma individual, com uma luz diminuta focalizada em seu propósito, ou pode acender as luzes da casa inteira, proporcionando aos demais moradores condições para que leiam também. A firmeza é uma ferramenta individual, como o abajur, e o assentamento uma ferramenta individual e coletiva, tal como as luzes da casa todas acesas. Sendo assim, por essa tronqueira estar localizada em um terreiro, a sua função será coletiva e, portanto, é necessário que o Exu e á Pombagira o instruam sobre como será a fundamentação desse assentamento.

É fundamental que a cada sete dias a Tronqueira seja firmada com velas, charutos e bebidas, para que ocorra a manutenção energética e ela se mantenha agindo positivamente e de forma ordenada de acordo com os propósitos do Terreiro. Evite deixá-la suja, empoeirada, abandonada. O aspecto visual da Tronqueira retrata também o seu padrão energético, atraindo vibrações e forças condizentes com as condições físicas e estruturais. Mantenha-a sempre fechada, acessível apenas para quem você acredita que não tem a intenção de te prejudicar ou queira apenas por curiosidade vasculhar o que tem lá dentro. Entenda-a como a casa dos seus Guardiões, que deve ser cuidada, preservada e restrita.

Fundamentação do Congá

Os altares umbandistas carregam uma vasta bagagem teológica que nem sempre se apoiou somente nas matrizes africanas. Do catolicismo foi retirada a elevação das estruturas, enquanto do Kardecismo e de outros cultos que fazem o uso da mesa foi retirada ela própria para servir de apoio para as imagens. Ainda que o dirigente acredite estar desassociado das outras doutrinas e de seus procedimentos litúrgicos, a presença de um altar bem organizado irremediavelmente dirá o contrário, já que sem as influências externas jamais haveria algum fundamento sendo aplicado nele. O Budismo, por exemplo, aproxima-se da Umbanda através da função do altar, uma vez que sua visão sobre ele caminha de mãos dadas com aquela que é compartilhada pelos umbandistas: conectar-se ao Sagrado, relembrar o que realmente importa e se comprometer a buscar um caminho que leve até o que realmente importa. Uma religião se pauta na outra, e, no final, todas seguem juntas em direção ao bem coletivo.

Altar do terreiro (Congá, Gongá ou Pegí)

A palavra "congá" tem origem no idioma banto, mas está diretamente relacionada ao significado da palavra "altar", que vem do latim; "altare" de *altus*, que significa "plataforma elevada". Definição bastante adequada à função desempenhada por todo o Congá, onde se estabelecem pontos energéticos primordiais e que serve para conexão com forças superiores.

Vários povos de diferentes culturas, através de sua hierarquia espiritual (sacerdotes, xamãs, pajés e outros), identificavam locais onde energeticamente estabeleciam relações com suas divindades e onde aí consagravam seus cultos a elas, como uma "ponte" entre os humanos e o sagrado, mesmo antes de serem feitos templos destinados a seus cultos. O Congá é o mais potente aglutinador de forças dentro do terreiro: é atrativo, condensador, escoador, expansor, transformador e alimentador dos mais diferentes tipos de energias e magnetismo.

Existe um processo de constante renovação de axé que emana do Congá como núcleo centralizador de todo o trabalho na Umbanda. Cada vez que uma pessoa chega à sua frente e vibra em fé, amor, gratidão e confiança, renovam-se naturalmente os planos espiritual e físico, numa junção que sustenta toda a consagração dos Orixás na Terra na área física do Templo.

Um ponto de apoio para encarnados e desencarnados

Assim, podemos verificar que o altar de Umbanda, usando terminologia própria, é um verdadeiro reservatório de energia e um canalizador direto do axé dos Orixás. Todos concentram ali seus pensamentos, orações, agradecimentos, assim como suas dores, sofrimentos e angústias. Seja para qualquer situação, o altar sempre fornecerá o que o fiel estiver precisando.

Desta forma, é necessário que se cuide muito desse ponto de força que sustenta a Casa espiritual. A harmonia de uma reunião de Umbanda está diretamente relacionada com a manutenção da boa prática de energização de todos os símbolos ali presentes, para que a troca realizada seja intensa e benéfica para todos os participantes da corrente mediúnica, dos consulentes e visitantes. Como bem nos ensinou o Pai Joaquim de Aruanda pela mediunidade de Alan Barbieri, quando questionado sobre quais imagens deveriam compor o altar do Templo Escola Casa de Lei:

> *"Peço apenas a imagem de nosso Senhor Jesus Cristo. As outras, escolha de acordo com o que desperta a sua fé".*

Preparação

O processo de montagem pode ocorrer somente após a seleção do local onde ocorrerão os trabalhos, pois não faz sentido efetuar uma estruturação provisória em outro espaço, que em nenhum momento fará com que o altar cumpra sua função.

Em alguns livros é ensinado como fundamento a necessidade de direcionar a estrutura para o norte, mas a ambiguidade desta ideia leva os dirigentes à loucura antes que acertem para qual lado está o tal norte citado.

Levando em conta a natureza polarizada do altar já acionado, é plenamente concebível determinar que o próprio altar é o norte religioso do terreiro, eliminando qualquer outra concepção de norte que seria capaz de transformar a ideia em algo ainda mais impossível. Portanto, creio que o mais viável é a Entidade-chefe do terreiro determinar qual o local que deverá ser firmado o altar e tudo o que será necessário conter nele.

Os quatro pilares energéticos que fundamentam um altar de Umbanda

Energia Mineral: otá, cristais, pemba

A energia mineral está ligada ao elemento terra, o qual proporciona firmeza, estabilidade, harmonia e solidez. A pedra é um dos elementos mais físicos, sendo a sustentadora das forças da natureza e a responsável pela concentração do axé. A maior parte das pedras e cristais que utilizamos nos altares de Umbanda são fragmentos de rochas; uma vez que rochas são muito difíceis de serem movidas e modificadas. Em nível físico representam os ossos, músculos, e tecidos orgânicos da natureza. Nos rituais de Umbanda, esse elemento é primordial exatamente por ser capaz de atrair e manter centralizada a energia das Divindades. Por isso, toda firmeza ou assentamento deverá conter uma ou mais "pedras de poder", as quais chamamos de *otá*. Também temos o magnetismo mineral presente nas pembas, um elemento produzido em calcário, usadas pelos Guias para riscar os pontos, bem como nos rituais e procedimentos cotidianos.

Energia Vegetal: folhas, flores, frutas, raízes, sementes, cascas, bebidas, fumo, incenso e defumadores

Também ligada ao elemento terra, a energia dos vegetais é carregada de uma força essencial para os altares de Umbanda. Temos a demonstração da sua importância ao ver que as primeiras palavras do Caboclo das Sete Encruzilhas ao incorporar no Zélio Fernandino de Moraes foram: "*nesta mesa falta uma flor*". No congá se torna um elemento riquíssimo de poder e energias específicas, podendo servir para fortalecer ou descarregar, agregar ou anular. Sejam em forma de flores, folhas, raízes, sementes, nas bebidas que os Guias utilizam, nos incensos que aromatizam o ambiente ou no charuto do caboclo, a energia vegetal é fundamental para que ocorra um trabalho religioso umbandista de qualidade, com ampla capacidade de ação e capaz de atingir níveis vibratórios variados.

Energia ígnea: velas

O fogo representa a energia da vida, do despertar e da iluminação. No altar, esse elemento é ativado a partir de uma vela acesa, agregado a um poder de ação depositado pelo fiel. Uma vela firmada a um Orixá ou Entidade com fé e amor tem a capacidade de abrir portais de acesso ao outro mundo e potencializar a força que está sendo evocada. Essa energia se multiplica quando usamos velas coloridas correspondentes à Divindade ou Guia com o qual estamos buscando conexão. O elemento Ígneo é uma força avassaladora e incrível, pois possui a capacidade de iluminar, mas também destruir. O fogo pode servir para aquecer uma lareira ou consumir uma casa... Tudo dependerá de como será manipulado. Usamos a vela para firmar um Orixá, uma entidade ou fazer alguma magia com uma finalidade específica. Qualquer que seja a necessidade, a vela sempre será fundamental.

Energia aquática: águas, bebidas

A água representa a fluidez, as coisas sem forma. As plantas também estão associadas a este elemento, pois elas se adaptam ao meio em que estão inseridas, crescem e se movem consoantes ao Sol e à mudança das estações. Sangue e outros fluidos corporais estão também representados por este elemento. A água pode ainda ser associada às emoções, à adaptabilidade, à flexibilidade, ao magnetismo e à maleabilidade.

A água é essencial para a existência de todas as coisas. Nosso corpo é 70% água, e o nosso planeta também. Isso mostra o quanto esse elemento é responsável por toda a variedade de vida que existe e por sua manutenção. No congá, é utilizada nas quartinhas, firmezas e assentamentos. Serve como uma condutora energética, expandindo e direcionando a energia de uma forma mais precisa e contínua. O ideal é que a água utilizada seja da própria natureza, como cachoeira, chuva, lago, pântano, mar, nascente etc. Um altar de Umbanda sem água é um altar sem vida!

Simetria

Todo altar tem um formato: triangular, pentagonal, hexagonal, quadrangular, etc. Esta simetria revela o ponto de manifestação da força quando alinhada na horizontal com o campo energético humano. Cada formato refere-se a um tipo de portal diferente, completamente particular, que dificilmente consegue ser decifrado de forma precisa por agentes externos.

O mistério de cada terreiro também encontra-se fragmentado nos pormenores das sustentações. Normalmente a entidade-chefe do espaço é a responsável por definir a disposição de imagens na base, mudando a organização das mesmas sempre que for preciso. Quanto à base citada anteriormente, ela pode ser feita de madeira, alvenaria ou outros materiais.

Montagem

As referências de montagem são tão diversas que seria o mesmo que cometer um crime deixar alguma de lado para falar sobre o assunto. O único princípio com o qual todas estão de acordo recomenda que Oxalá esteja em primeiro lugar, acima dos demais. A coroa do pai de santo normalmente tende a ser empregada como maior inspiração para a inclusão e ordenação de elementos, contando um pouco da história da relação do dirigente com suas entidades. Todavia, nada impede que essa opção seja descartada e um novo modelo personalizado para o templo nasça.

Manutenção

O altar deve ser limpo semanalmente. Além da limpeza básica e higienização habitual do local, é obrigatória a troca dos elementos perecíveis como flores, alimentos e bebidas por outros para que insetos não sejam atraídos e infestem o altar.

Limpar com esmero as sustentações é sinônimo de renovação energética para a casa e dedicação completa ao que desperta a fé em si mesmo e nos outros. É importantíssimo que a água das quartinhas seja substituída para que o magnetismo desse elemento expansor continue a agir de modo benéfico.

Elementos de apoio

A variedade de componentes integrados à estrutura potencializa seu poder de ação, fortalecendo a proteção do terreiro e comportando mais almas em seu propósito. Pós, sementes, espadas, punhais, partes de armaduras, capas, chapéus, berrantes, tridentes, peles cruas, conchas, flores, pedras, brotos, animais vivos, pembas, setas, machadas, sinetas, plantas de terra, plantas da água, frutas, vegetais, velas decorativas, panos e fios são alguns dos itens encontrados em outros templos ao redor do mundo que podem servir como sugestão.

Altar caseiro: ótima indicação para os filhos espirituais

O altar caseiro é um ambiente particular de relacionamento do médium com a sua espiritualidade. Divergindo completamente do altar visto nos terreiros, este apenas serve como oratório e seu perfil é de introspecção. Serão depositados nele elementos pertencentes às crenças e valores únicos do indivíduo, objetivando o cuidado com o eu material e espiritual.

Localização

O maior desafio da atualidade encontra-se na busca por metros quadrados suficientes para encaixar móveis, eletrodomésticos, eletrônicos, decorações, animais de estimação, automóvel e pessoas por pouco menos do que o orçamento permite – e na maior parte das vezes um ou outro objeto mais antigo fica para trás; um sacrifício básico para que algo de maior importância seja bem acoplado. Infelizmente, os objetos religiosos, ainda que nos vinculem ao mundo espiritual, são fisicamente concretos, portanto, deverão receber uma pequena porção de espaço na residência do médium. Mas isso não quer dizer que metade da mobília deva desaparecer para que a espiritualidade fique satisfeita; basta otimizar um pouco aqui e ali para que nada seja drasticamente alterado.

Individualidade e respeito

A menos que o indivíduo more sozinho ou que os coabitantes estejam de acordo com a construção e manutenção do altar em um local pré-definido, decerto desentendimentos ocorrerão e deteriorarão a relação mantida entre os moradores. Um dos princípios fundamentais da Umbanda é o respeito, logo, é rechaçada qualquer forma de imposição de crença – inclusive umbandista. Caso existam pessoas no recinto que não compartilham da mesma fé, a individualidade tem de ser considerada, junto à prudência. Nenhuma solução adequada surgirá enquanto lados opostos insistirem em batalhar usando o ego como escudo.

Modelos

Mesas de canto, aparadores, prateleiras de parede, coluna de gesso, estantes, armários e placas de granito são alguns exemplos de bases que podem ser utilizadas. A montagem, assim como o resto, é pessoal.

Para manter o axé sempre ativo e pulsante

Além de estar sempre "alimentando" o congá, as firmezas e os assentamentos com oferendas, sugiro que leve algumas das imagens aos pontos de força na própria natureza e firme e oferende os Orixás e Entidades correspondentes. Também, banhe as pedras, quartinhas e outros objetos nas águas naturais (chuva, cachoeira, mar e etc). Isso ajudará a alimentar energicamente o seu altar e a fortalecer tudo que ali está e, consequentemente, todos os envolvidos.

Firmezas, assentamentos e oferendas necessárias

Para iniciar, vamos deixar claro o que são firmezas e assentamentos e como utilizá-los corretamente, uma vez que, em ambos os casos, por possuírem "receitas" e funções similares, médiuns e dirigentes frequentemente confundem uma coisa com a outra.

O Assentamento

É uma estrutura onde são depositados elementos com poderes energéticos a fim de se estabelecer um ponto de sustentação e descarga de energias negativas de forma contínua e permanente. O seu preparo é mais complexo e a quantidade de elementos normalmente é maior. Exige constante cuidado e manutenção no que diz respeito à limpeza e alimentação energética, por isso, não recomendo que qualquer pessoa faça sem que haja uma determinação espiritual. É preciso que se tenha comprometimento, vínculo e reverência pela estrutura. Um assentamento jamais pode ser abandonado, esquecido ou "maltratado", visto que tudo o que ele recebe, devolve naturalmente ao seu zelador.

Apesar de muitos terreiros não terem na sua fundamentação esse tipo de estrutura, e eu respeito essas individualidades, considero indispensável para locais e pessoas que carregam uma responsabilidade espiritual coletiva. Como uma fortaleza completa, um assentamento defende e repele todo ataque dirigido ao líder ou membros do templo, mantém o axé fluindo de forma linear e dá aos médiuns e Guias espirituais mais recursos energéticos para trabalharem.

É de suma importância assentar o Exu e a Pombagira do Sacerdote, seus Orixás de coroa e os Mentores espirituais, se os próprios acharem necessário. Os critérios e recomendações para a montagem de um assentamento deverão ser passados, preferencialmente, por eles mesmos.

Mas, afinal, obrigatoriamente preciso de um assentamento?

Como cada terreiro tem sua doutrina, pode ser que o seu eixo de sustentação não seja um assentamento, mas algo criado de acordo com o conhecimento e carência dos envolvidos.

Como funciona no Templo Escola Casa de Lei?

No Templo Escola Casa de Lei, temos algumas forças assentadas, e, de acordo com as mudanças que a Casa passa, os assentamentos vão recebendo novos fundamentos. No meu caso, as indicações vieram do Exu das Matas, que relacionou tudo o que deveria ser feito, antes, durante e depois de pronto.

Inicialmente foram indicados dois assentamentos, sendo um para a tronqueira e outro para o altar. Lembro-me de algumas exigências do Mentor que tornaram a preparação um pouco mais trabalhosa. Uma delas foi o assentamento de Ogum, que está localizado em nosso altar, além de todos os elementos - que não convém serem citados por questões óbvias - foi solicitado que eu retirasse um pouco de terra de diferentes caminhos e estradas, e também alguns elementos singulares da natureza. De cada local que fosse retirado algo, deveria entregar uma oferenda específica. A preparação começou em uma terça-feira e levou cerca de 21 dias para ser concluída. No caso do assentamento do próprio Exu, me foi solicitado que o dividisse em três partes. Uma enterrada no pé de uma árvore dentro de uma mata, outra na tronqueira no terreiro e a terceira em um local particular ao qual só eu tivesse acesso. Ainda como exigência, fui orientado que todo assentamento deve ser mantido sempre limpo, firmado e bem "alimentado" com as oferendas certas.

A Firmeza

Chamamos de firmeza todo ponto onde uma ou mais forças são ativadas a partir da união de elementos magísticos para um determinado fim ou intenção. Podemos citar como exemplo: uma vela acesa para o Orixá ou uma caneca de café para um Preto-Velho, ou, ainda, aquela vela que comumente um Guia dá ao consulente; nada mais são do que firmezas. Diferente do assentamento, sua produção e preservação é bem menos complexa, o que não desqualifica o seu alto poder de ação. Podemos obter benefícios parecidos e, em alguns casos, cumprir o mesmo papel com maestria.

Ela pode ser feita em casa, no terreiro ou na natureza, pode ser deslocada de ambiente ou local, e, em sua maioria, podem ser feitas por qualquer pessoa, sem uma data ou horários predefinidos.

Mas, afinal, quais firmezas devo fazer no meu terreiro?

De acordo com os fundamentos aplicados em minha Casa, existem firmezas que chamamos de sustentadoras, aquelas que sempre estarão presentes em todo e qualquer trabalho, independente da finalidade. E há as que chamamos de direcionadas, aquelas que poderão ser feitas para uma finalidade específica, seja individualmente ou para o coletivo. Portanto, deve-se firmar no terreiro todas as forças primordiais que o sustentam, de Orixás a Guias espirituais.

Como funciona no Templo Escola Casa de Lei?

Temos algumas firmezas espalhadas no terreiro, desde o congá até a porteira. Essas firmezas são feitas normalmente com uma combinação de velas, bebidas e alguns outros elementos de acordo com a necessidade e o objetivo do trabalho. Fomos orientados a manter fixamente as firmezas dos Orixás e Entidades que sustentam diretamente a Casa ou aquelas cujas energias estão prevalecendo naquele ano. As outras são feitas mês-a-mês nas datas festivas e rituais específicos. Já os nossos filhos espirituais têm o compromisso de semanalmente firmarem e cuidarem das firmezas do Anjo da Guarda, Orixá de cabeça e Esquerda.

As Oferendas

Já as oferendas estão ligadas intimamente à representação mais clara da relação entre o divino e o terreno: o primeiro recebe a oferta ou reverência para então manipular essas energias em favor daquele que o presentou, enquanto o segundo oferenda de bom grado, pois tem fé nas bênçãos que serão auferidas e no amor pelo Sagrado que é despertado em si. Toda entrega obrigatoriamente deve ser executada com respeito, religiosidade e com calma, porque, do contrário, não passará de um punhado de elementos juntados e jogados de qualquer jeito por obrigação. A riqueza de uma oferenda não está nas decorações simétricas nem no brilho dos paramentos, está na confiança que é depositada em cada fibra dos objetos.

Os sentidos que compõem a lógica das três práticas já fundamentadas são: religioso e magístico. De fato, ambos possuem o mesmo nível de importância para o mundo espiritual e envolvimento do médium com a religiosidade. Independentemente dos pedidos singelos feitos ao se realizar uma oferenda, somente a partir de um consenso inicial sobre a finalidade do ritual é viável caracterizá-lo como magístico. Exemplo: Oferecer a Exu um padê em agradecimento às bênçãos alcançadas é um ato *religioso*; em contrapartida, oferecer a ele um padê para obter prosperidade é um ato *magístico*. Ao final, tudo vai depender da forma com que a pessoa se conecta com a energia ativada.

Para alguns, os assentamentos, firmezas e oferendas podem ser considerados moedas de troca, mas, na realidade, estão muito mais próximos do que chamamos de "transmutação". Nada surge do pó; cada elemento é manipulado para que um novo nasça de acordo com o objetivo depositado nele.

Mas, afinal, quais oferendas devo fazer no meu terreiro?

Na abertura e consagração inicial, é indicado oferendar cada um dos Orixás e Entidades que serão cultuados, com o intuito de potencializar o axé das firmezas e assentamentos que já estarão fundamentados no local. No decorrer do tempo e de acordo com as orientações vindas dos Mentores, uma rotina de oferendas possivelmente seja indicada para alimentar as forças firmadas, bem como auxiliar na manutenção do axé.

Como funciona no Templo Escola Casa de Lei?

Após fundamentar o congá e a tronqueira, como foi explicado anteriormente, a cada semana firmávamos e oferendávamos o Orixá e/ou Entidade que se manifestaria na ocasião. E assim seguiu-se por meses, em trabalhos fechados, ainda sem nenhum consulente. Atualmente diversas oferendas são feitas por mim regularmente aos pés do congá e, em alguns casos, nos pontos de força da natureza. Os médiuns da nossa corrente também têm como dever ao longo do ano oferendar seus Pais e Mães de cabeça de acordo com as festividades e consagrações. E, desde que avisado com antecedência, têm a liberdade de fazerem entregas e firmarem suas entidades no próprio Templo ou em seus respectivos pontos de força.

Alan Barbieri

PARTE 4

A LITURGIA

Estabelecendo o ritual e a liturgia

A liturgia é a maneira que os praticantes de um ritual estabelecem para, de forma ordenada, se relacionar religiosamente com os objetos e forças reunidos numa determinada cerimônia. É sempre conduzida pelo sacerdote de acordo com as necessidades da comunidade e orientações vindas dos seus superiores espirituais.

Numa gira de Umbanda, não é possível que cada um faça como quiser. Literalmente, a liturgia pode ser entendida como regras de culto, em que o aproveitamento positivo do atendimento a todos os necessitados que procuram as consultas de caridade se dará pela exatidão e inviolabilidade das regras disciplinares. Todos deverão ter a consciência de que as tarefas deverão ser cumpridas com precisão, pois as Entidades benfeitoras que controlam e causam os fenômenos de natureza oculta se comunicam e se fortalecem para o intercâmbio mediúnico mediante uma rígida disciplina.

Uma gira convencional se divide em cinco etapas: preparação; abertura; sustentação; ritual; e encerramento. Essa programação precisa ser respeitada para o bom andamento dos trabalhos, visto que a cada passo cumprido uma nova ação espiritual acontece. No momento da saudação de uma determinada linha ou Orixá, por exemplo, há um despertar daquela energia que envolverá a tudo e a todos - e é isso que dará sustentação a uma gira.

Para a elaboração da ordem do ritual que será realizado, é preciso levar em consideração as orientações dadas pelos Mentores, mas também o que o dirigente aprendeu até ali enquanto médium de outra casa. A liturgia de cada terreiro é algo de certa forma particular e que pode ou não se assemelhar com o que é feito em outros lugares. Não há uma regra da ordem do ritual que deve ser seguida por todos, mas há princípios ritualísticos que estão presentes em praticamente todos os lugares.

São esses os cinco princípios básicos que precisam ser seguidos. Cada etapa deve ser respeitada e seguida na ordem certa. Uma entidade não deve incorporar no momento que está cantando para defumação. Se a gira é de Baiano, não é condizente uma Cigana incorporar aleatoriamente sem qualquer necessidade específica. O dirigente precisa ser capaz de analisar, ao longo do trabalho, se tem algo que está fora de ordem, sabendo que isso pode ocasionar problemas para toda a corrente.

A cada ciclo de um trabalho umbandista, há uma mobilização espiritual concordante a ele. Se estiver sendo feita a defumação, espíritos pertinentes a esse processo de manipulação vegetal irão se encarregar de realizar com primazia essa limpeza inicial. No momento que se canta para chamar os Guias, eles, a partir desse momento, aproximam-se dos médiuns para que ocorra a mediunização.

Preparação

Nessa etapa está tudo o que se refere à pré-gira, antes do início das atividades. O preceito feito pelos médiuns e dirigentes algumas horas ou dias antes do trabalho, a limpeza e arrumação do ambiente, as firmezas feitas na tronqueira, no congá e nos outros pontos de força do terreiro, tudo é feito para criar as condições necessárias a fim de que a espiritualidade superior possa se manifestar sem interferências de energias contrárias.

Abertura

É tudo o que acontece até o ponto cantado de abertura oficial dos trabalhos. A ordem é particular de cada terreiro, mas, em todos os casos, louvar Exu, cantar o hino da Umbanda, bater cabeça e fazer a defumação estão relacionados com o processo inicial da gira. Em alguns terreiros canta-se para determinados Orixás, Anjo da Guarda e/ou Entidade antes do trabalho ser aberto. Seguindo todos os passos dessa etapa, de acordo com as particularidades da casa, canta-se o ponto referente à abertura dos trabalhos e abrem-se (quando há) as cortinas.

Sustentação

Após a abertura da gira, é necessário criar uma sustentação vibratória com o intuito de preparar o ambiente para os

Guias e Orixás se manifestarem e atuarem na nossa realidade. Isso é necessário pelo fato de nós estarmos em níveis inferiores a eles, o que naturalmente já torna mais difícil qualquer conexão. Além de que, essa sustentação serve para impedir influências espirituais negativas ao decorrer do ritual. Para dar sustentação, canta-se normalmente para alguns Orixás e entidades chefes da casa e, em alguns casos, chama-se o Orixá que será o sustentador da gira e este irá incorporar no dirigente e/ou médiuns, derramando o seu axé na coroa de todas as pessoas.

Ritual

Com tudo devidamente preparado, os Guias já podem se manifestar e fazer o que for necessário. Pode-se trabalhar com uma ou mais linhas na mesma gira, seja simultaneamente ou separado dentro do mesmo ambiente. Essa prática de trabalhar com duas ao mesmo tempo é chamada de "gira mista". Esse tipo de ritual era muito comum na Umbanda tradicional, uma herança das encantarias brasileiras. No mesmo local onde havia um preto-velho trabalhando, havia também uma baiana ou cabocla incorporada em outro médium.

Já nos rituais de umbanda atuais, o mais comum são giras específicas com apenas uma linha se manifestando por vez; pode até existir o trabalho com várias linhas no mesmo dia, mas uma antes e depois a outra. É nessa etapa que a magia acontece: os Guias atendem os consulentes e necessitados, realizam curas, quebram demandas, tudo amparado pela estrutura criada antecipadamente. Conclui-se o ritual cantando para a subida dos Guias que estão em terra.

Encerramento

Ao término do ritual, entramos na parte em que os trabalhos precisam ser fechados adequadamente. Sendo o oposto da abertura, em que o objetivo é ampliar a conexão com a espiritualidade, o encerramento tem um papel fundamental para finalizar essa simbiose entre os dois planos e encaminhar o que não deve permanecer no local nem com as pessoas. Em hipótese nenhuma, com exceção de alguma particularidade, a corrente deve se desfazer sem que se tenha concluído completamente a gira. Só se inicia o encerramento quando todas as entidades já desincorporaram. Em alguns lugares, chama-se uma linha para descarregar os médiuns antes de cantar o ponto de encerramento. Essa não é uma regra que precisa ser seguida por todos, até porque quando se dá as determinações para encerrar os trabalhos, a espiritualidade responsável pelo descarrego já cumpre isso naturalmente.

SACRAMENTOS E CONSAGRAÇÕES

Citado anteriormente como uma das responsabilidades religiosas do sacerdote, saber ministrar sacramentos e consagrações é mais que uma necessidade; é uma obrigação! Podem-se aprender protocolos diferentes com outros dirigentes ou em cursos específicos, mas o importante é que se detenha o conhecimento suficiente para que seja capaz de exercer o papel de sacerdote em todos os âmbitos com excelência.

Batismo de crianças

O batismo simboliza anunciação do recém-nascido à comunidade de Umbanda, bem como sua inclusão na egrégora espiritual. O sacerdote conduzirá a cerimônia com o intuito de pedir as bênçãos de Deus e dos Sagrados Orixás para essa criança. Um casal que tenha sido escolhido previamente deverá assumir, diante do congá, a responsabilidade de, na ausência dos pais, amparar e zelar pelo novo afilhado, e uma Entidade poderá apadrinhar espiritualmente o jovem, se esse for o desejo dos pais.

Material necessário

- Uma bacia de ágata;
- Uma concha de abalone;
- Uma vela de batismo;
- Uma toalha pequena branca, nunca utilizada;
- Banha de *Ori*;
- Uma pemba branca consagrada;
- Rosas brancas;
- Um fio de contas branco consagrado;
- Sal marinho.

Segredos do Sacerdócio

Como realizar o ritual

1) Inicia-se a abertura do trabalho como se faz habitualmente, e, antes de qualquer Entidade incorporar, o sacerdote requisita a presença da criança, seus pais e padrinhos diante do congá. Previamente ao início da cerimonia, se dizem algumas palavras sobre os motivos e a grande importância do batismo, com o intuito de integrar todos ao momento especial e, especificamente, esclarecer sobre o imenso significado do ritual para aqueles não umbandistas que possam estar presentes a convite dos pais - e que na maior parte das vezes desconhecem os fundamentos da religião.

2) O sacerdote ficará de frente para o público e de costas para o altar; os participantes estarão de costas para o público, de frente para o altar e para o sacerdote; a criança deverá estar vestida com uma roupa branca ou de cores claras e estará nos braços da madrinha. Ao lado direito da madrinha ficará o padrinho, mantendo em suas mãos uma vela de batismo acesa; ao lado esquerdo da madrinha ficará a mãe da criança, e na sequência, o pai. Dando início à cerimônia, o sacerdote, com a banha de ori em mãos traçará com ela a estrela de seis pontas (dois triângulos entrelaçados) três vezes,

primeiramente no topo da cabeça (chacra coronário) e em seguida três vezes na fronte (chacra frontal) da criança, dizendo as seguintes palavras:

> Consagro tua coroa e tua fronte com o ori sagrado, e peço a Deus, a Pai Oxalá e aos divinos Orixás que iluminem seu caminho por toda a vida!

3) Na sequência, a madrinha vira a criança, descobrindo sua nuca e pescoço, e, na nuca, o sacerdote repete o procedimento feito na cabeça e na fronte. Voltando a criança à posição normal, a madrinha deve entregá-la para a mãe. Esta deve abrir a roupa de seu filho no peito para que mais uma vez o sacerdote possa cruzá-la, da mesma forma como realizado anteriormente.

4) Dando sequência à cerimônia, o sacerdote utilizará a pemba pilada e consagrada previamente, umedecida com três gotas de azeite doce, e repetirá todo o ritual empregado na primeira etapa com a banha de ori, trocando apenas os dizeres, que passarão a ser:

Com a pemba sagrada da Umbanda, eu peço a Deus, a Pai Oxalá e aos divinos Orixás que iluminem seu caminho por toda a vida!

5) Ao término dessa etapa do ritual, o padrinho toca com uma das mãos o peito da criança e com a outra continua sustentando a vela, enquanto a madrinha segue segurando a criança em seus braços. O sacerdote, neste instante, dirige-se aos padrinhos e diz algumas palavras sobre a importância do ato religioso e da responsabilidade que se seguirá, pedindo-lhes que repitam cada uma das suas palavras, assumindo perante o altar de Deus suas responsabilidades para com o afilhado. Diz o sacerdote:

Eu, (cada um dos padrinhos repete seu próprio nome por extenso), te acolho (dizem o nome da criança), na falta ou ausência de teus pais, como se fosse meu próprio filho. Prometo te alimentar, te educar, te conduzir e te amar, encaminhando-te dentro dos ensinamentos de nossa crença, no amor a Deus e aos Orixás.

6) A seguir, o sacerdote coloca na palma da mão do padrinho uma pitada de pemba pilada e não umedecida e este deverá dizer:

> Eu, (nome do padrinho), em nome de Deus, te recebo e abençoo, (nome da criança).

7) Em seguida, soprará a pemba sobre a criança. O mesmo farão a madrinha, o pai, a mãe e também o sacerdote, que dirão as mesmas palavras.

8) A seguir, o pai da criança deve segurar sob a cabeça dela uma pequena bacia de ágata, passando para o sacerdote a concha de abalone e a enchendo com água pura, misturada com pétalas de rosa branca. Com a concha consigo, o sacerdote dirá:

> Com a água que mantém a vida, energia geradora e criativa, eu lavo sua cabeça e limpo de toda e qualquer impureza ou negatividade e reafirmo nela a partícula sagrada que existe em você, (nome da criança), por Deus e os Divinos Orixás.

9) Ao fim dessa cerimônia o sacerdote cumprimenta todos, parabeniza-os e os lembra da grande responsabilidade assumida ante o altar.

10) Por fim, será iniciado o cântico que chamará uma ou mais entidades espirituais para que dos planos superiores derramem suas vibrações positivas na criança e nos demais participantes. É de livre escolha dos pais as entidades que serão chamadas.

11) Além da entidade do sacerdote, poderá se manifestar os Guias de qualquer médium da casa, incluindo-se os pais ou padrinhos da criança. O fio de contas deverá ser entregue para uma das entidades que o colocará no pescoço do batizando.

12) Após a cerimônia, o padrinho apagará a vela e a entregará à mãe da criança, que, em sua casa, poderá acendê-la, orar diante da sua chama e colocar o fio no pescoço dela quando houver qualquer momento de dificuldade vivenciado pela criança.

Alan Barbieri

Cerimônia de Casamento

O ritual é um ato simbólico que envolve um conjunto de práticas consagradas pelas tradições ou costumes de cada religião. Abençoar a relação de uma forma que se enquadre nas opções e crenças dos noivos mostra a importância dessas crenças para a nova família que se forma, evidenciando seus votos e promessas por livre e espontânea vontade. Em qualquer forma de culto, ela tem por objetivo atrair as bênçãos de Deus e dos Orixás sobre os cônjuges e firmar o amor, a fidelidade e a união diante do altar sagrado. Podemos afirmar também que na Umbanda o casamento é visto como um dos mais importantes dos sacramentos.

Existem diversas variáveis na cerimônia que podem mudar de um roteiro para outro, tais como: se será realizado no terreiro, em um salão ou um ponto de força da natureza; se será feito em um dia dedicado à cerimônia ou se será no início de uma gira; se os noivos são heterossexuais ou homossexuais. Quando começam a sonhar com o seu grande dia, algumas pessoas se questionam - por curiosidade ou precaução - sobre o andamento da cerimônia religiosa. *Há um protocolo a ser seguido? Quem leva as alianças? Quem entra primeiro?*

As cerimônias sempre possuem um toque personalizado, portanto, independentemente das variações, o mais importante é saber que o sacerdote tem a liberdade, junto aos noivos, de elaborar um roteiro próprio de acordo com o tempo, local, vontade e preferência, incluindo detalhes pessoais e criando uma atmosfera propícia para que este momento seja marcante na vida de todos os envolvidos. Eu, particularmente, gosto de me reunir com os noivos antecipadamente para compreender o que eles esperam da cerimônia, conhecer a história de amor deles e todos os detalhes necessários para que eu possa elaborar o meu discurso e dinâmica.

Mesmo sabendo da individualidade e autonomia de cada sacerdote ou terreiro, compartilho abaixo o roteiro que costumo utilizar, alterando apenas alguns pormenores de acordo com cada situação:

Material necessário

- Uma bandeja média de inox;
- Uma pemba branca consagrada;
- Duas velas de cera branca;
- Duas taças de cristal;
- Duas jarrinhas de cristal;
- Um pouco de bebida amarga (geralmente Fernet de boa qualidade);
- Um pouco de bebida doce (geralmente licor de anis ou anisete).

Como realizar o ritual

1) O congá ou o local em que será realizada a cerimônia deverá ser previamente preparado e decorado, preferencialmente com flores brancas. Deve-se reservar a primeira fileira das cadeiras para os familiares mais próximos e/ou os pais das pessoas que participarão da cerimônia.

2) Faz-se necessária a presença de duas pessoas para auxiliar o sacerdote; pais ou mães pequenos da Casa ou outra pessoa escolhida por ele. Inicia-se cantando um ponto de saudação ao sacerdote e, neste momento, o mesmo deverá entrar, saudar o altar, a curimba e a todos os presentes. Por fim, se posicionar.

3) Os casais de padrinhos são os primeiros a entrar. Primeiro, os padrinhos do noivo, e, depois, os da noiva. Na sequência, entram juntos a mãe da noiva e o pai do noivo – ela se posicionará ao lado esquerdo do pai do noivo. Em seguida, o noivo entra de braços dados com sua mãe - ou alguém que ele tenha escolhido para este momento. Ele deve esperar pela noiva em pé, no lado

direito do altar, e recebê-la oferecendo seu braço direito quando ela se aproximar.

4) A entrada da noiva é um dos momentos de maior expectativa e emoção. Após a entrada das crianças (damas e pajens), a noiva deve entrar dando o braço esquerdo ao seu pai, pessoa ou Entidade escolhida para a escolta - que a conduzirá até o altar para entregá-la ao noivo.

5) A noiva segura o buquê com a mão direita e, ao se aproximar do altar, deve transferi-lo para a mão esquerda. Lado a lado - o noivo à direita da noiva - caminham até o sacerdote.

6) Com a chegada da noiva ao altar, o sacerdote dá início à cerimônia, recepcionando os convidados e discorrendo sobre o propósito daquela reunião, que é a feliz união de um casal. Então, inicia-se o sermão, que não deve passar de 30 minutos.

7) Após, o dirigente toma em suas mãos a pemba - que deve ter sido consagrada antecipadamente para essa ocasião - e traça nas mãos do noivo a estrela de seis pontas (dois triângulos entrelaçados), enquanto diz:

> *Com este firmamento, eu te reconheço como filho de fé, por Deus e os Divinos Orixás.*

8) Prosseguindo, toma as mãos da noiva e repete o mesmo ritual. Feito isso, pede aos noivos que se posicionem frente a frente e que deem as mãos da seguinte forma: palma da mão de um encontrado a palma da mão do outro, cruzando os polegares, e dirigindo-se a eles dizendo:

> *Olhem-se nos olhos. Deus uniu vocês porque sabe que nessa passagem no plano material, juntos, vocês seriam capazes de se apoiarem, se ajudarem e se sacrificarem um para o outro, em nome do amor. Juntos, olhando-se nos olhos, será sempre mais fácil entender e respeitar o outro, e é isto o que faz um bom casamento.*

9) Certamente que essas palavras são genéricas, portanto, use como uma base, mas procure desenvolver um texto que faça sentido para você e para os noivos. Nesta hora, algum dos auxiliares oferece a bandeja onde se encontram o cálice, as taças, e as duas jarrinhas, uma

contendo uma bebida escura e amarga e a outra uma bebida cristalina e doce.

10) Com a jarrinha em suas mãos, o sacerdote derramará um pouquinho em uma das taças e passará às mãos do noivo, enquanto diz:

> Vocês deverão partilhar juntos o cálice da amargura. É na superação dos contratempos, das dificuldades e tristezas que irão construir raízes cada vez mais fortes desse amor.

11) O noivo toma um gole e passa a taça para a noiva, que também deve provar a bebida. Nesse instante, o sacerdote pega a jarrinha que contém a bebida doce e, derramando-a na outra taça, faz com que os noivos, pela mesma ordem, provem dela enquanto diz:

> Partilharão a taça do prazer e verão que, da mesma forma que a doçura desta bebida fez desaparecer o amargor da outra, vocês serão capazes de superar os revezes da vida, enquanto puderem amar-se com fidelidade e afeto,

olharem-se nos olhos e sorrirem um para o outro.

12) Em seguida, o sacerdote solicita que cada um dos padrinhos se adiante e entregue a vela aos seus afilhados. Explicando o simbolismo das chamas da vela, o sacerdote menciona que:

> Até este momento, a vida de ambos era como a chama de cada uma das velas, cada qual iluminando um caminho separado, mas a partir deste instante (*neste ponto tomando as mãos dos noivos, inclina as velas de forma tal que as chamas se unam*) suas vidas devem se fundir e transformar-se também em uma única vida. Não serão mais duas luzes a iluminar caminhos diferentes, mas sim uma única luz a iluminar o caminho de ambos e dos frutos dessa união. Quando uma dessas chamas, por vontade divina, se apagar, restará à chama remanescente o dever de cuidar de tudo aquilo que criarem juntos, com respeito e amor à Umbanda que os uniu diante do congá.

13) Em seguida, as velas deverão ser firmadas no congá, e, ainda com os noivos frente a frente e de mãos dadas, o sacerdote dirige a eles as seguintes perguntas:

> *(Nome do noivo e da noiva)*, vieram até aqui para se unirem em matrimônio, por isso eu vos pergunto perante o altar sagrado, é de livre e espontânea vontade que o fazem?

14) Os noivos deverão responder em voz alta. O sacerdote continua:

> Abraçando o matrimônio, vocês prometem amor e fidelidade um ao outro. É por toda a vida que o prometem?

15) Os noivos deverão responder em voz alta. O sacerdote continua:

> Vocês estão dispostos a receberem com amor o destino que Deus e os Orixás os confiar, em nome da Umbanda?

16) Os noivos deverão responder em voz alta. E o sacerdote solicita que primeiramente o noivo repita, olhando para a noiva, as seguintes palavras:

> Eu (nome do noivo), te recebo (nome da noiva) por minha esposa, diante deste congá, em nome de Deus e dos Divinos Orixás. Te prometo lealdade, fidelidade, amor e respeito, na dor ou na alegria, por todos os dias da nossa vida.

17) O sacerdote passa a palavra à noiva, que deverá repetir o mesmo discurso. Em seguida, o sacerdote diz:

> Neste altar, testemunhado por todos: família, padrinhos, amigos, convidados e pelos Guias e espíritos benfeitores, eu os consagro no amor Divino, marido e mulher. Uma salva de palmas para o casal!

18) Na sequência, pede-se ao ogã que cante um ponto de Umbanda pertinente à cerimônia ou algum que tenha sido selecionado previamente pelos noivos. Neste momento, as alianças devem ser trazidas para o altar. O sacerdote deverá entregar ao noivo a aliança de sua

companheira e, olhando em seus olhos com amor, carinhosamente colocará a joia na mão dela. O mesmo se repete com a noiva.

19) Nesse ponto já pode ser encerrada a cerimônia litúrgica. O sacerdote abençoa a ambos e os parabeniza, desejando-lhes votos de vida longa, próspera e feliz, com muita serenidade e paz.

Após a parte espiritual da cerimônia, que é previamente combinada entre os noivos e o sacerdote, deverá ser chamada - por intermédio de pontos cantados - a entidade espiritual que, complementando a cerimônia, dará aos noivos as bênçãos. A escolha da entidade é feita sempre pelos noivos e pode recair não somente sobre o sacerdote, mas também sobre qualquer médium do terreiro. A quantidade de guias que irá incorporar é relativa, mas uma apenas já é o suficiente. Com a benção espiritual concluída, encerram-se os trabalhos de forma habitual.

Se por acaso a cerimônia for para celebração de bodas, o ritual é o mesmo, apenas alterando-se as palavras e parte da dinâmica. A cerimônia de bodas é apenas uma reafirmação do casamento, por isso exige menos protocolos.

Alan Barbieri

Amaci de Oxalá

Como quase tudo que é realizado na Umbanda sofre alterações de acordo com a doutrina seguida na Casa, o preparo e a fundamentação de um amaci pode ser bem variado. Para praticamente todos os casos, entende-se o amaci como um ritual purificador, consagratório e fortalecedor do Ori.

No Templo Escola Casa de Lei, esse ritual – o qual também chamamos de "deitada" - é realizado sempre pelas mãos do Preto-Velho Pai Joaquim de Aruanda, que antecipadamente passa as orientações dos elementos que serão utilizados e como deve ser a preparação. Há dois amacis principais que são feitos uma vez por ano em todos os médiuns; o de Pai Oxalá (o pai de todas as cabeças) e o de Pai Ogum (patrono do Templo). Para os outros Orixás, fazemos de acordo com as orientações da entidade ao longo do ano, normalmente nas datas festivas ou individualmente em situações especificas.

Para que serve o ritual?

Como uma apresentação dos novos médiuns à casa e reafirmação do compromisso dos médiuns mais antigos, a deitada costuma reunir toda a corrente mediúnica, inclusive os ogãs e cambones. É um ritual de recolhimento que exige procedimentos específicos que não são encontrados na vida cotidiana do terreiro e tem como objetivo tornar os participantes mais suscetíveis às influências energéticas de seus Orixás de cabeça.

O dia da Deitada tende a ser tratado como um evento muito esperado e merece receber toda a dedicação, envolvimento e disponibilidade, tanto daqueles que receberão o amaci quanto do dirigente que irá prepará-lo. A coroa e o campo energético de cada médium que seguiu corretamente as instruções dadas em momento anterior são limpos e fortalecidos durante a prática para que a aproximação da vibração sutil dos Orixás e Guias espirituais seja possível de forma mais intensa.

Como é feito no Templo Escola Casa de Lei?

Durante a lavagem de coroa, o Pai Joaquim de Aruanda faz a leitura dos Orixás daqueles médiuns que ainda não obtiveram essa informação. Para tanto, os médiuns realizam um preceito mais complexo comparado aos feitos no dia a dia - e por um tempo maior. No dia do recolhimento é solicitado a todos os integrantes que realizem uma oferenda para a energia de Oxalá, que se responsabiliza pelo despertar da fé em seu nível mais puro, uma oferenda para os seus Orixás de cabeça – caso saiba quais são – ou para os Orixás que complementarão as energias já encontradas em suas coroas.

O processo principal da prática envolve o amaci de Pai Oxalá que é derramado na coroa do filho de santo antes que ele se recolha a sua esteira, onde permanecerá por algumas horas dentro do Templo. Durante o período do ritual, o médium se alimenta apenas com os alimentos de Oxalá, se mantém em silêncio e, em alguns casos, incorporado com o seu Erê. É um momento oportuno para se refletir sobre seu caminho mediúnico, sua vida e o compromisso espiritual que está assumindo.

Quando deve ser feito?

A necessidade faz o homem, assim como faz os detalhes aos quais o dirigente deve se atentar para que não deixe cair no esquecimento essa importante atividade. Cada terreiro pode alterar e adaptar a deitada como bem quiser, desde que mantenha sua essência de consagração e apresentação intactas.

Pode-se fazer uma vez ao ano, reunindo todos os filhos para deitarem para um ou mais Orixás, todos de uma única vez. Mas também é viável realizar deitadas mensais, agrupando os filhos de um determinado Orixá para assim segmentar o ritual. Ex.: Janeiro: Deitada dos Filhos de Oxóssi; Outubro; Deitada dos filhos de Oxum; Dezembro dos filhos de Iemanjá e etc. O importante é que o ritual seja feito de acordo com a necessidade e possibilidade do terreiro. O dirigente, junto ao seu mentor espiritual, saberá quando os médiuns precisarão fortalecer o seu ori, equilibrar suas energias e reforçar seus compromissos com aquela casa.

Qual o preparo e preceito necessários?

Ao longo de sete dias aqueles que estarão envolvidos no ritual devem privar-se do consumo de todo tipo de carne, álcool e materiais ou relações pornográficos de qualquer espécie, a fim de que seu campo energético esteja tão sutil quanto viável no dia do evento. Ainda durante o resguardo, é recomendado que nenhuma firmeza ou banho seja deixado de lado, pois o aproveitamento do amaci será menor e somente o filho de santo que esqueceu será prejudicado. Quanto ao pai de santo, quantos dias além dos sete puder manter-se em resguardo, em melhores condições estará seu campo para a consumação da deitada.

O que os filhos precisam providenciar?

Segundo Pai Joaquim de Aruanda, os únicos itens necessários são aqueles ligados aos Orixás de cabeça do indivíduo, logo, a lista padrão a ser seguida inclui:

- Esteira de palha;
- Pano da costa branco;
- Roupas brancas;

- Todas as guias e fios-de-conta que tiver;
- Quartinhas, se as tiver;
- Oferenda para Pai Oxalá;
- Uma vela de sete dias branca;
- Uma vela de sete dias bicolor preta e branca;
- Oferenda para seus Orixás de cabeça *(somente quem ainda não fez ao longo do ano nas festividades)*.

Oferenda para Pai Oxalá recomendada:

- Uma tigela de louça branca;
- Um prato branco;
- Canjica branca;
- Uma vela de sete dias branca;
- Oito rosas brancas;
- Uma fava de Oxalá;
- Algodão;
- Mel;
- Água mineral ou de chuva.

1) Cozinhe a canjica apenas em água, deixando-a no ponto al dente;

2) Depois de pronta e já fria, coloque-a em uma tigela de louça branca. No centro da canjica, insira a fava. Por cima, derrame o mel e cubra com algodão;

3) Tampe a tigela com o prato. Em cima, no centro, coloque a vela e ao lado o botão de rosa. Por fim, ao lado da tigela, coloque uma taça ou quartinha branca (de louça e sem asa) com a água.

4) Importante: Antes de qualquer oferenda ou ritual, firme e oferende Exu!

Amaci de Pai Oxalá

- Boldo;
- Rosa branca;
- Flor de laranjeira;
- Alecrim;
- Barba de velho;
- Colônia;
- Eucalipto;
- Folha da fortuna;
- Fava de Oxalá ralada/pilada;

- Uma pemba branca ralada/pilada;
- Água de nascente ou mineral.

Preferencialmente esse amaci deverá ser feito em uma sexta-feira. Três dias antes, o sacerdote terá que reunir todas as ervas e elementos, dispondo-os em frente ao congá, e em cima deles arriar uma oferenda para Pai Oxalá e deixa-la despertando e imantando as ervas até o dia do amaci.

No dia do amaci

O trabalho espiritual começa horas antes da chegada dos médiuns, portanto, tudo que for referente ao sacerdote encarregado carece de antecedência. Como dirigente espiritual, jamais procrastine as responsabilidades e deveres que cabem a você, dessa forma, evita-se acumular débitos com a sua espiritualidade e com a dos que estão sob a sua tutela.

O amaci deve ser preparado preferencialmente às 06:00 da manhã ou ao meio-dia. Reúna todos os elementos em uma bacia de ágata grande, acrescente a água e macere todas as ervas juntas. Durante o preparo, cante pontos de Pai Oxalá e repita por várias vezes a sua saudação. Feito isso, cubra a bacia com um pano branco e acenda oito velas palito brancas a sua volta. Assim que as velas terminarem, o amaci estará pronto para ser aplicado.

Normalmente, a curimba não toca no dia reservado para o recolhimento e os integrantes do processo evitam conversar entre si com a intenção de concentrarem-se ao máximo. Os médiuns deverão estar dispostos no terreiro com suas esteiras abertas e posicionadas no local indicado. As oferendas serão colocadas na cabeceira da esteira e a vela preta e branca aos pés.

O filho espiritual permanece em seu lugar, em concentração, até o início dos trabalhos. A abertura compõe-se de pontos cantados e/ou orações em conjunto, até que a Entidade responsável pelo ritual se manifeste no sacerdote. A partir daí, o Guia irá conduzir os trabalhos da maneira dele, aplicando o amaci na coroa de cada um.

ALAN BARBIERI

PARTE 5

A MANUTENÇÃO

A ENTRADA DE NOVOS MÉDIUNS PARA A CASA

É muito comum no início de um terreiro o novo sacerdote querer logo formar a sua corrente mediúnica, convidando amigos, conhecidos e familiares para integrá-la. Ainda que este seja um procedimento habitual na Umbanda, recomendo que seja criado antecipadamente um estatuto com as regras, deveres e responsabilidades de todos os envolvidos. Não queira apenas construir uma corrente com vários médiuns, procure ter ao seu lado aliados que sejam bons no que fazem, que respeitam e valorizam a sua posição hierárquica e que estejam totalmente integrados com o propósito do terreiro.

Um sacerdote não pode, em hipótese alguma, aceitar qualquer pessoa na sua corrente mediúnica sem antes ter a certeza de que esta se enquadra no perfil adequado definido pelo próprio e seus Mentores. O templo é a sua segunda casa e os médiuns sua família espiritual. Pense, na sua moradia, você abre o portão para qualquer pessoa adentrar e morar com você e seus parentes? Tenho certeza que não, por segurança, privacidade, bem-estar e muitos outros fatores!

O porquê dessa minha recomendação?

Lembre que os maiores problemas que um terreiro passa - e em muitos casos são até fechados por causa deles - ocorrem pela instabilidade e falta de disciplina entre os filhos espirituais. Sim, é lamentável e assustador! Sabendo que esse é o "calcanhar de Aquiles" de quase todos os terreiros, uma maneira de preservar a saúde espiritual da casa é estabelecer desde o início as regras que deverão ser seguidas, o que será aceito e o que jamais deverá ser feito. Como dito em tópicos anteriores, um sacerdote precisa ser capaz de gerir pessoas, não somente quando elas oficialmente fizerem parte do grupo, mas desde o momento que decidem se candidatar.

A pessoa que entra com tendências a causar problemas - ao invés de agregar - não pode ser bem-vinda. O terreiro não precisa aceitar todos os médiuns que baterem em sua porta, ele tem sim como dever ajudar a quem precisa, mas sem comprometer o equilíbrio do todo.

O sacerdote não está ali só para se doar em caridade, está também para receber dos integrantes o que for necessário para o bom funcionamento dos trabalhos. Não está ali só para cuidar dos necessitados, mas também para ter pessoas que o ajudem a cuidar da estrutura que acolhe a todos. O zelo tem que ser mútuo, não pode ficar apenas a cargo do dirigente e de seus Guias. Entenda: caridade não é sinônimo de dificuldade e escassez; caridade é fazer o bem despretensiosamente ao outro sem ferir a si próprio.

Para o médium ingressar em nossa corrente ele precisa cumprir as seguintes etapas:

1) Ter concluído o curso Formação Doutrinária Umbandista, desenvolvido e ministrado por Pai Alan Barbieri;

2) Conversado com uma das Entidades-chefes e recebido a outorga para ingressar;

3) Ter lido, concordado e assinado o estatuto de regras e deveres;

4) Ter participado como consulente de no mínimo sete giras;

5) Ter lido todos os livros de autoria do Pai Alan Barbieri;

6) Ter participado como voluntário em alguma ação social promovida pelo Templo, bem como em qualquer atividade na qual o Templo necessite de sua ajuda;

7) Ter "estagiado" como cambone e auxiliar na gira, supervisionado pelo cambone-chefe.

Após o cumprimento de todos esses passos, o médium está legitimamente apto a se tornar membro da nossa comunidade. A partir daí ele passará por alguns rituais e consagrações necessários, conduzidos pelo Pai Alan e coordenados pelos seus Guias e Mentores.

Compartilho a seguir o estatuto de regras e deveres ao qual me referi acima, utilizado no Templo. Antes da entrada oficial deles, há uma reunião e uma entrevista individual onde são apresentados as regras e deveres, e, se concordado pelo médium, esse documento é assinado, ficando uma cópia com ele e outra em nossos arquivos.

Na abertura do Templo Escola Casa de Lei, recebi um modelo desse documento das mãos da minha querida Iyalorixá Monica Berezutchi, utilizado no Templo da Luz Durada, e, com a sua autorização, esse documento foi adaptado às necessidades do Templo Escola Casa de Lei.

NORMAS E PROCEDIMENTOS PARA MÉDIUNS

1 – POSTURA MEDIÚNICA

1.1 - Vestuário - Roupa branca

<u>Mulheres</u>: Saia, calça, camiseta, pano de cabeça.
<u>Homens</u>: Camiseta, calça e filá.
Sapatos e tênis brancos (se quiser); roupas íntimas da cor branca. Manter a roupa limpa e bem passada.

1.2 – Pontualidade - Horário

Ser pontual com os horários estabelecidos pelo Templo, conforme segue abaixo:
Horário: Sextas-feiras às 20:00h e Sábado às 16:00h. Para todos os trabalhos chegar com antecedência de 30 minutos, no mínimo.

1.3 – Atrasos

Atrasos frequentes e sem aviso prévio serão analisados com rigor.

1.4 - Faltas

Ao longo de 12 meses, cada filho poderá ter no máximo seis faltas e essas serão tratadas com rigidez, cabendo aos dirigentes as medidas punitivas relativas a cada situação. Para o Desenvolvimento mediúnico interno, serão permitidas apenas 3 faltas ao longo do ano. O descumprimento de ambos os casos pode levar ao afastamento temporário ou permanente do médium. As únicas exceções aceitas são: estudo, trabalho e questões de saúde.

1.5 – Comportamento

- Evitar brincos, correntes, anéis e joias em geral.
- Não utilizar roupas decotadas e transparentes.
- Dentro do Templo, não falar alto e não fazer fofocas.
- Dentro do congá, somente assuntos pertinentes ao Trabalho Espiritual, caso contrário, manter-se em silêncio.
- Ser pontual com suas tarefas, zelar pelos pertences do Templo e pelos seus.

- Respeito à hierarquia, aos irmãos e consulentes, tendo paciência, educação, ser gentil e colaborativo.

1.6 - Higiene Pessoal

Cabelos limpos e bem cortados, bom hálito, barba feita, unhas limpas e cortadas, banho tomado e sem excesso de perfumes.

2 – PRECEITOS

2.1 - Preceitos e resguardo

- Não comer nenhum tipo carne, com exceção do peixe. Não ingerir bebidas alcoólicas, não ter relação sexual, evitar pornografia e diminuir café nas últimas 24 horas que antecedem os trabalhos.
- Resguardar-se de conflitos e situações que possam gerar algum desequilíbrio emocional e/ou energético.
- Diante do preceito informado, fazer uma boa alimentação, evitando qualquer tipo de excesso.
- Fazer o Banho de Ervas antes de qualquer ativi-

dade no Templo.
- Fazer os rituais de Limpeza e Equilíbrio Energético semanalmente na sua casa.

2.2 - Firmezas

- Manter acesa a vela de Anjo de Guarda.
- Firmar os Orixás da coroa.
- Firmar a esquerda – Exu, Pomba-Gira e Exu Mirim

Estes procedimentos deverão ser feitos semanalmente.

3 – PERTENCES

3.1 – Maleta

Deverá ser providenciada uma maleta com o nome, contendo todos os elementos pertinentes ao tipo de trabalho que será realizado. Mantenha suas guias e fios dentro de saquinhos, sendo separadas as da direita e as da esquerda.

3.2 – Pertences em geral

Manter seus pertences devidamente guardados e em ordem. O Templo disponibiliza vestiário para sua preparação, é dever deixá-lo limpo e em ordem para o uso de todos. O Templo não se responsabiliza por esquecimentos ou perdas de bens pessoais.

4 – FIRMEZAS E ASSENTAMENTOS

Saudar todas as Firmezas e Assentamentos do Templo sempre que chegar, conforme orientado.

5 – TAREFAS

Para o bom andamento do Templo, temos grupos com suas funções definidas. Contamos e precisamos da sua participação e colaboração. A constante falta de boa vontade e disponibilidade para tarefas organizacionais, de limpeza e de manutenção serão casos a serem analisados. É desejado do médium que este esteja disponível para todas as tarefas e atividades realizadas na casa;: gira, magia, tratamentos, palestras, limpeza, ações sociais e eventos.

6 – CONTRIBUIÇÃO

Para a manutenção do Templo e cumprimentos dos deveres contábeis, solicitamos uma ajuda monetária mensal para todos que tiverem condições financeiras para isso.

7 – OS DIRIGENTES

Respeitar o Dirigente do Templo, Pai Alan Barbieri, e todos os envolvidos na liderança, pois são eles os responsáveis pela organização e condução dos trabalhos e atividades que você virá a participar.

8 – ESTUDOS NECESSÁRIOS

É obrigatório que o médium tenha concluído o curso *"Formação Doutrinária Umbandista"* ministrado pelo Pai Alan Barbieri e cumprido outros estudos recomendados pelo próprio. É incentivado que o médium participe frequentemente dos cursos, workshops e palestras ministrados no Templo.

9 – CONSAGRAÇÃO E SAÍDAS AOS PONTOS DE FORÇA

É obrigatória a participação nas consagrações, amacis e nas saídas anuais para os pontos de forças da natureza. As visitas terão as suas datas informadas com a devida antecedência.

10 – AÇÕES SOCIAIS

Obrigatória a participação nos eventos sociais do Templo, tais como: Festas e todo tipo de evento de ação social.

11 – CONHECIMENTO

Os médiuns são responsáveis pelo avançar do seu conhecimento, devendo acompanhar e realizar os cursos oferecidos pelo Templo, além de praticar leitura de livros pertinentes à religião e de autoconhecimento. É autorizado também o estudo em outras instituições, desde que tenha sido avisado antecipadamente ao Pai Alan Barbieri e concedida sua autorização.

NOMEANDO CARGOS, FUNÇÕES E RESPONSABILIDADES

Cabe ao sacerdote, e aos seus Mentores, a responsabilidade de escolher e nomear pessoas adequadas para assumir cargos e funções dentro do terreiro. A hierarquia é estabelecida para manter a ordem e organização dos trabalhos, e não para valorizar o egocentrismo ou uma vaidade exacerbada. Por esse motivo, essa escolha precisa ser estudada por um tempo antes de consumada.

Importante dizer que não é obrigatório haver uma estrutura hierárquica complexa na Casa, isso deve ser construído com o tempo, de acordo com as necessidades que irão surgindo e com o aparecimento das pessoas certas.

Quando falamos de cargos, estamos nos referindo àqueles de maior comprometimento com o terreiro, à causa espiritual e à comunidade. São aquelas pessoas nomeadas pela espiritualidade e pelo dirigente, como o pai e a mãe pequena.

No caso de funções e responsabilidades, trata-se da parte organizacional e dinâmica dos trabalhos. Os médiuns que irão dar passe, aqueles que darão consulta, o médium responsável pela porteira, os que vão cambonear, os atabaqueiros, os responsáveis pelas ações sociais, aqueles que ficam na cantina, os médiuns de transporte, todos esses se enquadram nesse grupo.

O sacerdote precisa aprender a delegar funções e dividir as responsabilidades. Vejo muitos que são demasiadamente centralizadores e com isso acabam se sobrecarregando ou não conseguindo cumprir tudo o que o terreiro necessita. A escolha das pessoas que irão assumir cada uma das funções deve ser concordante com os potenciais e qualidades de cada indivíduo, sendo uma escolha quase que natural. Um líder não obriga ninguém a fazer nada, ele conduz cada um para a posição que será melhor desempenhada e que trará orgulho e satisfação em cumprir com maestria. Também não significa que aquele que foi destinado à determinada função não poderá realizar outra, tudo será de acordo com as necessidades do terreiro e a disposição do médium para isso.

Gosto de comparar o terreiro a um time de futebol. O zagueiro está em campo não apenas para impedir que o time adversário faça gols, mas para ajudar o time a ganhar. Se for necessário, o zagueiro irá tentar fazer gols também junto com os atacantes, assim como os ofensivos recuarão caso o time precise. Todos os envolvidos no terreiro estão ali para servir a espiritualidade naquilo que é preciso, muitas vezes se desprendendo da sua vontade individual em prol do coletivo. No Templo Escola Casa de Lei, se algum dos integrantes disser: *"não vou fazer isso porque não é minha função"*, esses casos serão analisados com muito rigor, pois levamos muito a sério o quesito *"doação por amor"*.

Já os cargos exigem um cuidado maior e um olhar mais crítico, pois essas pessoas passarão a ser influenciadoras das outras na comunidade, logo, deverão ser exímios cumpridores das regras, ou seja: liderar pelo exemplo. Para isso, não pode ser "qualquer" pessoa, entende? Precisam estar totalmente enquadradas nos princípios que regem o terreiro, serem pessoas de confiança, despretensiosas, desprendidas de vaidade exagerada e que amem muito a Casa que escolheram servir. Aqui se encaixa a orientação dada em um dos capítulos anteriores, que é: *"só será um bom pai aquele que for um bom filho"*.

Se o candidato, ainda como médium, não tem as qualidades citadas acima, como pai ou mãe pequena, é ainda mais incerto que as adquira. Não se deve escolher a pessoa por afinidades pessoais, somente, mas principalmente aquelas que se emoldam ao perfil desejado e, como dito, essa não é uma decisão isolada do sacerdote, mas também de seus Guias, que enxergam muito além dos olhos materiais. Além da parte formal de seleção e apresentação para os outros trabalhadores, é preciso que este novo líder seja preparado de acordo com as orientações dos mentores espirituais. Não há uma regra a ser seguida.

Como promover
estudos entre os médiuns

Muitos terreiros de Umbanda já nascem com essa proposta de estudos e incentivo pela busca do conhecimento, o que é um cenário muito favorável, pois ter médiuns com repertório de informação e conscientes dos assuntos que envolvem espiritualidade fornece mais precisão ao trabalho realizado bem como favorece o sacerdote e toda a comunidade.

No entanto, há outro lado, onde muitos líderes espirituais proíbem os médiuns de estudarem, mas acredito que fazer isso é ir contra a evolução do próprio terreiro, que necessita de pessoas preparadas para cumprir com excelência os seus papéis. Ao mesmo tempo, penso que é válido, sim, ponderar as fontes de estudo para que não fujam da linha de pensamento do terreiro e assim não gerem conflitos de fundamentos e acabem confundindo os médiuns, ao invés de serem uma fonte de auxílio.

Para quem já tem essa prática implementada na sua casa, não há muito o que acrescentar a não ser incentivar que continuem. Já no caso daqueles terreiros que nunca promoveram estudos mais detalhados e que desejam implementar essa atividade, tenho algumas indicações relevantes para o início. É fácil ver que não é preciso nada muito complexo para isso.

A história e aprendizados do próprio sacerdote e dos médiuns

Nada ensina mais que o próprio exemplo. O líder pode organizar de forma ordenada seus principais aprendizados, experiências e dificuldades vivenciados ao longo da sua jornada e reunir os seus filhos espirituais para que possam aprender com quem já percorreu o caminho que eles estão seguindo. Pode-se falar de como conheceu a religião, quais os medos ou situações que vivenciou ao vestir o branco, como ocorreu o desenvolvimento mediúnico, como soube que tinha missão sacerdotal, como foi no início da abertura do terreiro. Também pode incentivar os médiuns a contarem um pouco sobre si, suas expectativas atuais e compartilharem as dúvidas que carregam e para as quais não obtiveram respostas. Essa prática, além de gerar interação entre o grupo, aproxima-os do próprio sacerdote e da casa que escolheram.

Estudos sobre os porquês do próprio terreiro

Todo terreiro de Umbanda é riquíssimo em fundamentos, não é preciso buscar fora um conhecimento que já se tem dentro - e que o sacerdote conhece "de cor e salteado". É bem simples, explique para os médiuns tudo o que eles precisam saber sobre a Umbanda praticada no terreiro e tudo o que estiver relacionado ao trabalho mediúnico que eles realizam.

Alan Barbieri

Estudos através de livros

Escolha um livro de qualquer tema que seja pertinente às necessidades da comunidade e explique capítulo por capítulo, bem como promova discussões sobre os temas. Pode-se também solicitar que os médiuns façam a leitura de algum livro e façam um resumo sobre ele, ou, ainda, apresentem algum trabalho explicando o que entenderam. O sacerdote pode selecionar títulos literários que falem dos problemas que o terreiro ou os médiuns enfrentam, uma forma indireta de resolver as questões sem citá-las.

Debates baseados em vídeos disponíveis na internet

São muitos os sacerdotes que relatam a mim que adotaram essa prática em suas reuniões com os filhos. Escolhem um dos meus vídeos disponíveis na internet, exibem-no para todos assistirem juntos e se aprofundam no tema, ora concordando com o que foi dito, ora explicando o porquê que naquele terreiro se pensa o contrário.

Grupos de estudo

Separe os médiuns em duplas, trios ou grupos maiores e proponha um tema para cada um pesquisar, estruturar um material escrito que será entregue ao sacerdote e uma apresentação para todo o grupo. Ao final da apresentação, o sacerdote expõe o que está "certo ou errado" segundo o seu ponto de vista e esclarece as dúvidas que surgirem.

Cursos e Workshops

Caso o sacerdote já tenha adquirido prática para desenvolver estudos mais metodologizados e apresentá-los de forma clara e dinâmica, pode-se fazer encontros para abordar temas com mais profundidade e detalhamento, abrindo a possibilidade de não só os médiuns participarem, mas também pessoas de fora que queiram aprender um pouco mais.

COMO MANTER FINANCEIRAMENTE O TERREIRO

Esse é um assunto bastante delicado, principalmente em um meio onde muitos confundem caridade com escassez e prosperidade com exploração. Como sacerdote, se faz necessário agregar a si uma mentalidade positiva sobre o recurso monetário, entendendo sua real importância e necessidade para a abertura, manutenção e expansão do terreiro.

Entenda que um Templo umbandista se divide em duas partes: a espiritual e a material. A espiritual não precisa de nada além do amor e entrega dos envolvidos. Com ou sem roupas específicas e apetrechos, com ou sem elementos, com ou sem reboco nas paredes, os Guias irão sempre se manifestar e realizar um excelente trabalho em prol dos necessitados.

No campo material, me refiro à responsabilidade de gerir e administrar um espaço físico que exige condições físicas para se sustentar. Despesas como: água, luz, aluguel, velas usadas nas firmezas, oferendas que são feitas regularmente, as imagens que irão compor o congá, as cadeiras que as pessoas se sentarão, reformas necessárias, produtos de higiene, contador e outros são necessidades de praticamente todos os templos. Deste modo, é preciso criar estratégias para arrecadação de fundos recorrentes e doações daquilo que o terreiro necessita. No início, o sacerdote e as pessoas mais próximas acabam arcando com as despesas, porém, com o aumento do número de integrantes, é preciso distribuir esses custos dentro das possibilidades e necessidades de cada um.

Há diversas maneiras para que se consiga alcançar essa segurança material e com isso permitir que o terreiro se mantenha em constante melhoria de seu espaço físico, algumas dessas são:

Cantina

Uma coisa que funciona muito bem é ter um espaço onde as pessoas possam se alimentar antes, durante e após os trabalhos. Uma maneira de diminuir os custos e aumentar a arrecadação é incentivar os médiuns a levarem o que será vendido, como: bolos, lanches, refrigerantes, doces, balas, etc.

Loja

Se houver um espaço suficiente no terreiro, montar uma "lojinha" é uma estratégia bem eficiente. Podem-se vender velas, ervas, roupas e tudo aquilo que as pessoas possam precisar durante e após os trabalhos.

Rifa

Pode ser feita a qualquer momento; em um evento interno, antes das giras, em datas festivas. A rifa é uma forma relativamente rápida de arrecadar fundos sem ter que investir muito para isso. Quando há um volume grande de rifas para ser vendido, pode-se mobilizar os médiuns a venderem para seus amigos e familiares fora do terreiro.

Eventos internos

Talvez este seja um dos artifícios mais comuns nos templos umbandistas. Pode-se fazer uma feijoada para Ogum, feijoada para os Pretos-Velhos, festa junina com comidas e músicas típicas, Boteco do seu Zé com samba e petiscos, noite da pizza ou da macarronada, e por aí vai.

Algumas casas realizam este evento em situações específicas, como a necessidade de uma reforma, por exemplo. Qualquer evento que possa integrar as pessoas é bem-vindo em todos os momentos, pois, além de trazer os recursos monetários necessários, incentiva os envolvidos a se unirem e se integrarem para uma causa importante. Uma dica que posso dar é: crie um grupo responsável pelos eventos internos e delegue a eles a responsabilidade da organização.

Alan Barbieri

Contribuição mensal dos integrantes

Um recurso adotado por muitas casas, aceito por uns e criticado por outros. Se a casa tiver custos altos mensais que não podem deixar de serem cumpridos, como aluguel, por exemplo, pode ser viável solicitar dos integrantes da corrente um valor de contribuição regular para ajudar nas despesas fixas. Recomendo que se estipule um valor específico ao invés de deixar por livre escolha de quem vai doar. Se por acaso o médium estiver impossibilitado de contribuir dessa maneira, cabe ao sacerdote encontrar outra forma com que ele possa colaborar com terreiro, que não seja material, mas que o faça sentir-se comprometido com a causa e com a Casa.

Cursos

A ideia de ministrar cursos abrange diversas possibilidades, podendo explorar os meios presencial e online. Em praticamente todas as religiões há estudos específicos e isso é importante para manter a harmonia dos fundamentos e assim tirar as pessoas dos "achismos". Se o sacerdote não tiver o costume de falar em público, pode convidar outros tutores para apresentarem estudos condizentes com os princípios do terreiro.

Palestras

Muito similar aos cursos, o sacerdote ou qualquer outra pessoa preparada poderá apresentar em um curto período de tempo conteúdos e estudos relevantes para a comunidade. Pode-se estipular um valor para o ingresso ou doações de materiais utilizados no terreiro.

Jogos oraculares

O oraculista é um prestador de serviço que fornece aquilo que aprendeu investindo seu dinheiro. Assim como quem ministra cursos, ele também tem o direito de cobrar um valor para as suas despesas e as do espaço. Atendimentos com tarôs, baralho cigano, runas e búzios são os mais comuns nos templos umbandistas.

Alan Barbieri

Doação espontânea dos frequentadores

Este talvez seja o recurso menos eficiente entre todos os citados. Não é de costume na religião, entre os que frequentam uma casa, doar aquilo de que ela precisa. Isso, normalmente, não parte nem mesmo dos médiuns que estão integrados a tudo. Mesmo que não se obtenha tanto resultado com essa estratégia, é mais uma forma de haver arrecadação de valores que servirão para coisas importantes no futuro. Uma forma de propôr essa possibilidade aos consulentes é através de um médium da Casa avisá-los durante a preleção de que a casa aceita doações voluntarias de dinheiro ou itens usados na limpeza e nos trabalhos. Também podem ser distribuídos panfletos com essas instruções na entrada do terreiro para os frequentadores.

Sacerdote, não centralize as responsabilidades apenas em você! Procure sempre integrar os médiuns e consulentes a essas ações e permita que assim eles se sintam mais pertencentes ao terreiro e à sua missão, além de naturalmente se tornarem mais comprometidos e envolvidos com os propósitos da comunidade.

Uma das ideias com a qual não compactuo é a de cobrar pelos atendimentos com os Guias, pois, além de estar usando de um apelo para arrecadar dinheiro, descaracteriza-se completamente o trabalho espiritual na Umbanda. A Entidade vem em terra para ajudar a quem precisa, em qualquer condição ou situação, não apenas para aqueles que podem pagar.

Problemas comuns e como evitá-los

 Um tópico delicado, mas que precisa ser discutido é a realidade nua e crua do terreiro e dos seus principais problemas não espirituais. Às vezes, a ideia que os novos sacerdotes têm sobre dirigir um terreiro é lidar essencialmente com a espiritualidade, quando, na verdade, essa é parte mais fácil do processo. O grande desafio está na gestão e resolução das questões que impactam negativamente o andamento dos trabalhos e da corrente mediúnica.

A resolução de cada uma dessas questões está diretamente ligada ao perfil do líder espiritual, dos seus mentores e da sua capacidade de gerir o coletivo. Sabendo que algumas situações - que existem em praticamente todos os terreiros - são quase impossíveis de serem completamente sanadas, uma administração correta e justa pode minimizar as consequências negativas sem que ninguém seja prejudicado. No Templo Escola Casa de Lei buscamos retirar do caminho todas as armadilhas possíveis nas quais os médiuns possam vir a cair, e, quando caem mesmo assim, agimos imediatamente para a resolução da questão. Aprendemos com o nosso pai, Exu das Matas, que quando repreendemos aquele que errou e propomos uma mudança necessária, não só estamos zelando pelo Templo e sua causa, mas ajudando aquele indivíduo a evoluir no campo espiritual e pessoal da vida.

Um dos princípios do nosso Templo é "transformar vidas melhorando as pessoas", então, as decisões que tomamos e as regras que estabelecemos têm sempre esse princípio como base. Além disso, é muito importante dizer que se o lado negativo da espiritualidade decidir atacar o terreiro, a porta de entrada na maior parte das vezes serão os médiuns e suas fraquezas. Portanto, negligenciar a resolução daquilo que mina a energia da comunidade é aceitar que cedo ou tarde o terreiro perderá suas forças.

Alan Barbieri

Vaidade e egocentrismo exacerbados

Isso pode acontecer com todos os indivíduos, incluindo o próprio sacerdote. Há pessoas que têm esse perfil por natureza, não só dentro do terreiro, mas em qualquer lugar, e isso não é necessariamente o problema. Temos que analisar com rigor quando essa característica gera desordem no grupo.

O problema está quando os desejos e interesses passam à frente dos Guias. Quando as roupas e adornos são mais importantes que a essência e o axé. Quando é preciso diminuir o outro para enaltecer suas próprias qualidades. Quando não se aceita um apontamento por algum erro cometido ou, ainda, quando se reserva da necessidade de ouvir, aprender e melhorar. São comportamentos que afastam naturalmente o indivíduo dos princípios e valores da religião, e, mesmo que ele próprio não perceba, os prós e bênçãos do trabalho espiritual quase não chegarão até ele.

Minha experiência

Uma forma de minimizar o problema é eliminando todos os estímulos que levam o indivíduo a cair na armadilha. Se a vaidade estiver na roupa que ele usa, iguale a vestimenta de todos, impedindo que haja diferenciação. Se estiver na função assumida, coloque-o para ajudar nas atividades dos outros irmãos. Muitas vezes é possível resolver um problema sem nem falar abertamente sobre ele.

Relações abusivas e repressão

Infelizmente isso é comum dentro de uma comunidade, especialmente com os novos integrantes da corrente ou pessoas com menos conhecimento que acabam ficando sem saber o que fazer e, muitas vezes, se tornam vítimas constantes de agressões psicológicas - usando um termo popular, *bullying*.

Como mantenho contato com milhares de umbandistas de vários lugares do mundo, tenho notado um cenário bem preocupante. Situações de ameaças, repressão, exposição, humilhação e de medo são fornecidas gratuitamente. Alguns dos que são atacados alegam um medo extremo das possíveis consequências e, muitas vezes, não têm coragem para dar queixa ou abandonar a casa, enquanto outros, absurdamente, em um delírio de fé, acham tudo normal e totalmente espiritual, então se tornam escravos da situação e incentivam a mesma a acontecer com mais frequência.

Alan Barbieri

Minha experiência

O sacerdote precisa demonstrar apoio e acolher o médium que sofre este tipo de situação no terreiro. É importante que seja demonstrado que ele não é culpado pelas agressões que sofre. Conversar com o filho espiritual vai permitir que ele expresse seus sentimentos em relação às agressões e ameaças e será possível demonstrar que ele não tem culpa disso e que ele está neste caminho pelos Guias e espiritualidade, não pelas pessoas. Além disso, o sacerdote deve reunir os agressores e tomar providências imediatas. Ao mesmo tempo, quando essas atitudes partem do próprio sacerdote, a melhor saída para o médium é se desligar do terreiro.

Fofoca

Elas podem até parecer inofensivas, mas fofocas comprometem a imagem do terreiro e a harmonia entre a comunidade em níveis maiores do que muita gente imagina, além de tornar tóxico o ambiente sagrado. O casal que terminou seu relacionamento, o novo pai pequeno que vai ser consagrado, a vida pessoal de um dos médiuns que vai mal, os julgamentos das incorporações alheias, os motivos escusos que levaram um integrante a se desligar da casa... Se há um médium que tenha como passatempo preferido espalhar informações não oficiais sobre o terreiro e a vida dos irmãos de fé, atenção! Todo mundo sabe quem é o fofoqueiro - e essas pessoas não são bem vistas e perdem a credibilidade daquilo que poderiam realizar grandiosamente. Por outro lado, sempre há os que acreditam e espalham as inverdades, que, com o tempo, se amontoarão e, inevitavelmente, gerarão danos muito maiores.

Minha experiência

Entre as dezenas de dirigentes de outros terreiros que já conversei, todos, sem exceção, relatam situações parecidas envolvendo fofoca. Infelizmente essa é uma realidade difícil de ser controlada, porém, esse tipo de comportamento pode ser minimizado através da conscientização da situação para todos os integrantes e, se necessário, de punição para aqueles que não aceitam mudar. Há situações que precisam ser corrigidas imediatamente, mas há as que podem ser ignoradas. O próprio líder espiritual, com a sua percepção, entenderá o que merece a sua atenção e o que não. Jamais se deve esquecer que o sacerdote é o responsável pela "saúde espiritual" do terreiro, por isso, é preciso ter discernimento sobre quais problemas agir e resolver, para o bem de todos.

Alan Barbieri

Mistificação

O verbo mistificar significa *"abusar da credulidade de; enganar, iludir, burlar, lograr"*. Quem quer que se dedique à prática da mediunidade deve estar atento a essa ocorrência. A mistificação pode ser provocada pelo encarnado e também pelos desencarnados. Em ambos os casos, é preciso cautela e autocrítica para não se deixar ludibriar. Normalmente, a pessoa ou grupo que comete tal erro carrega interesses próprios e se beneficia de alguma maneira, direta ou indiretamente, abusando da fé e boa vontade alheias. Existem duas possibilidades de mistificação:

1) O médium começa a ultrapassar o guia, dando seus palpites e sobrepondo sua vontade nas comunicações. Geralmente vemos isso em quem gosta de dar consultas particulares para amigos e parentes, uma situação que dá margem a esse e muitos outros erros, como para mandar aqueles recados que não tem coragem de falar por conta própria. Com o passar do tempo o guia já não consegue mais se manifestar e se "afasta" até que o seu interlocutor volte a se doar sem interesses próprios. Então, o médium se sente sozinho e começa a forçar

uma manifestação espiritual, que já não ocorre mais como antes. Assim, ele assume os trejeitos da entidade e se finge passar por ela. Para saber diferenciar, basta prestar atenção à mensagem que é passada. Quando é o médium, a mensagem é rasa e vazia, não atinge o coração e sempre tem um interesse de benefício próprio por detrás.

2) O médium, devido a algum desequilíbrio, como no caso do item 1, acaba se abrindo para entidades negativas e essas passam a se manifestar nele, fingindo serem as entidades que o acompanhavam. Quando ocorre isso, também podemos identificar a mistificação pela mensagem; não há valor espiritual e muitas vezes elas são contraditórias e até agressivas. Pedem várias coisas em troca do seu trabalho, fazendo qualquer negócio, tanto para o bem quanto para o mal. Nem sempre o médium tem consciência de que está sendo dirigido por um espírito negativo. São manifestações de *kiumbas* e isso se chama obsessão espiritual. Dentro da obsessão temos as suas nuances: obsessão simples, fascinação e subjugação (falo detalhada-

mente deste assunto no meu curso "Demanda Espiritual").

Minha experiência

Uma forma eficiente de resolver isso, quando identificado, é afastar temporariamente o médium da sua função de incorporação e atendimentos e conscientizá-lo do que está acontecendo. Fora isso, é indicado encaminhá-lo a um trabalho espiritual que possa afastar dele possíveis espíritos trevosos que estejam o acompanhando e incentivando tal prática. A Umbanda também estimula a reforma íntima e uma reeducação moral. Depois de tratado, se, porventura, o médium decidir continuar frequentando o terreiro, cabe ao sacerdote manter-se vigilante a possíveis "recaídas" para que o problema não se repita novamente.

Falta de comprometimento

Um dos maiores obstáculos a ser enfrentado pelos sacerdotes de Umbanda é a falta de comprometimento dos integrantes de sua comunidade. Frequentemente são aplicadas medidas de reforço e rigidez na tentativa de combater esta questão. Entretanto, esta não é a melhor alternativa: aquele médium que não contribui com a organização e manutenção do terreiro, não ajuda nos afazeres cotidianos, não age espontaneamente a favor da comunidade, não vai mudar "no grito".

Teorias psicológicas, filosóficas e antropológicas afirmam que o meio altera o comportamento do homem. Muitas dessas teses defendem que uma pequena parte da população é o que é em qualquer circunstância, porém, a grande maioria está inserida numa faixa que dita que as atitudes dependem das circunstâncias e oportunidades. Seguindo essa linha de raciocínio, cerca de 7% das pessoas são genuinamente comprometidas; 7% são imutavelmente descomprometidas; e as outras 86% dependem do meio e das oportunidades em que vivem. De acordo com conceitos da Análise Comportamental de B.F Skinner, para mudar-se o padrão de comportamento de um indivíduo não são suficientes apenas estímulos negativos (como correção disciplinar, punições etc.) quando há uma atitude indesejada. É necessário também utilizar estímulos positivos no momento que o médium fizer o que é desejado.

Minha experiência

Estimular o médium em erro a querer fazer e a entender o tamanho da sua responsabilidade ao escolher esse caminho espiritual é a melhor alternativa. O sacerdote precisa ser capaz de inspirar as pessoas a serem melhores espontaneamente, e isso se dá a partir da sua própria conduta e exemplo. Fora isso, considero de suma importância o líder incutir nos médiuns a crença de que eles foram escolhidos pelos Guias e Mentores para fazerem parte de uma missão maior; não apenas por simples desejo ou acaso estão ali.

A total sintonia dos filhos espirituais com os interesses do Templo é fundamental para o crescimento de ambos, pois existe uma relação de dependência entre eles. Um médium não envolvido com o trabalho espiritual prejudica o próprio caminho e atrapalha o alcance das metas organizacionais do coletivo.

Desrespeito às regras estipuladas

Regras foram feitas para serem seguidas, leis para serem respeitadas. Está aí a importância de uma conversa prévia com o médium que escolhe entrar no terreiro, dessa forma, ele saberá desde o princípio todos os pormenores dos deveres que precisará seguir. A desordem no ambiente sagrado gera instabilidade na energia do terreiro e faz com que se torne cada vez mais difícil os integrantes alcançarem as energias sutis que são emanadas do Alto.

Minha experiência

O pensamento é simples; se o médium não estiver de acordo com os seus deveres e disposto a se adaptar às normas e regras, este não deve ser inserido na corrente. Já aquele que se encontra integrado à comunidade e se comporta ao oposto do que se espera, deve ser alertado de pronto que ou muda, ou não poderá permanecer até que esteja adequado. O sacerdote não tem obrigação de tolerar e aceitar aquilo que afeta negativamente o seu trabalho. Há a liberdade de falar não para algumas pessoas e isso não se caracteriza egoísmo, mas amor e zelo pelo terreiro que dirige.

Envolvimento afetivo entre os filhos

O relacionamento afetivo no terreiro deve ser tratado de acordo com a cultura e a política da comunidade e de seu líder. Trata-se de uma situação que, muitas vezes, é inevitável e o melhor é seguir o que as regras determinam. Algumas casas proíbem o relacionamento entre os irmãos de fé, enquanto outras não se importam com a questão, deixando que os próprios integrantes usem o bom senso.

Em qualquer caso, sempre é bom definir algumas regras de conduta para não criar problemas, seja para os parceiros, seja para o próprio terreiro. Um relacionamento amoroso pode ocorrer dentro do ambiente religioso principalmente porque é ali que os médiuns passam uma grande parte do seu tempo, e, em matéria de sentimentos, o ser humano ainda não consegue se controlar. O amor extrapola qualquer condição racional e, ao ocorrer dentro do terreiro, é necessário apenas manter a situação sob controle. Um ponto que deve-se tomar cuidado e impedir são aqueles casos de pessoas que se envolvem com vários integrantes, às vezes simultaneamente. Também, obviamente, pessoas comprometidas que se deixam levar por sentimentos momentâneos.

Minha experiência

Uma forma totalmente eficaz de evitar problemas futuros em casos como esses é enfatizar se isso pode ou não ocorrer, relembrando para todos as regras e obrigações. Se ocorrer, incentive que os médiuns que estão mantendo um relacionamento afetivo comuniquem o sacerdote, pois se trata de um assunto sério e isso não pode gerar danos no caminho espiritual de cada um. Ao deixar as coisas claras, evitam-se comentários e fofocas, mostrando que o relacionamento e a continuação no grupo estão sujeitos às diretrizes da casa, que estão sendo respeitadas por todos.

PALAVRAS FINAIS

Uma vez que o propósito tenha sido reconhecido e aceito conscientemente, o primeiro passo já terá sido dado e o caminho já terá começado a se construir. Cada sacerdote, com sua própria essência e valores, irá refletir no seu ritual a sua própria bagagem de vida pessoal e religiosa, atraindo para o seu núcleo pessoas com preferências e necessidades similares às dele. Aprender com as diferenças, conviver com as incompatibilidades, aceitar, acolher, perdoar, respeitar e entender o outro são e sempre serão os grandes desafios de um líder umbandista. Não há teoria que ensine isso. Não há estudo que esclareça o que só a prática cotidiana junto aos mentores irá proporcionar. Os mais profundos e verdadeiros aprendizados estão no chão sagrado do terreiro, quando os pés estão descalços, os celulares desligados, os livros fechados, a mente em silêncio e o coração aberto. Permita-se viver a prática do sacerdócio!

POSFÁCIO

Nunca imaginei que aquela vez que fomos juntos para conhecer um terreiro de Umbanda fosse impactar tanto o seu caminho, tornando essa religião a sua missão e razão de vida. Se eu fechar os olhos agora, consigo sentir as mesmas sensações daquele dia: o medo ao nos aproximarmos do portão onde estava ocorrendo a gira, a sensação estranha quando ouvimos o som dos atabaques, a vontade de chorar quando começaram a cantar os pontos, a estranheza quando as entidades começaram a incorporar gargalhando e o sentimento de alegria e gratidão quando os trabalhos encerraram.

Lembro-me perfeitamente do primeiro dia que você vestiu o branco, da sua primeira oferenda, sua primeira guia de Exu, sua primeira incorporação... Quem diria! Hoje, vê-lo como sacerdote só mostra que nada do que foi vivenciado no passado foi por acaso, que a espiritualidade estava desde sempre construindo cuidadosamente essa jornada e que em nenhum momento, os Guias deixaram-no sozinho. Tudo serviu de alicerce para a construção dos princípios que iriam embasar o belíssimo trabalho realizado à frente do Templo Escola Casa de Lei.

Tenho muito orgulho de ser parte dessa história e, principalmente, presenciar de perto o momento que todas as lições, experiências e aprendizados iriam ser espelhados para outras pessoas que estão em busca de tudo aquilo que você já encontrou.

Laura Barbieri
Irmã carnal do Pai Alan Barbieri

Sobre o Autor

Alan Barbieri é médium atuante desde 1999 e sacerdote de Umbanda, fundador do **Templo Escola Casa de Lei**, onde semanalmente realiza sessões de atendimento espiritual para centenas de pessoas. Também é o fundador da **Rádio Toques de Aruanda** e diretor da plataforma de ensino online **Estudar em Casa**, que já conta com mais de 30 cursos nas áreas de espiritualidade e desenvolvimento pessoal, tendo formado mais de 40.000 pessoas.

Considerado **o maior YouTuber de Umbanda do Brasil**, com cerca de 300 mil inscritos em seu canal e mais de 20 milhões de visualizações em seus vídeos à época dessa publicação, Alan é graduando em Psicologia pela Universidade Anhembi Morumbi e certificado Master Practitioner em PNL pela The Society of NLP, além de formado em hipnose clínica pela AIHCE (Espanha) e constelação familiar sistêmica pelo Centro Constela e Systemic IberoAmerican University (Mexico).

Conhecido no Brasil e no exterior por seus textos e vídeos explicando a Umbanda nas redes sociais, em 2018 Alan Barbieri deu um novo passo em sua carreira e lançou seu livro de estreia, Sabedoria de Umbanda, que rapidamente se tornou *best-seller* no segmento religioso.

Saiba mais sobre o autor em
www.alanbarbieri.com.br

Conheça também...
SABEDORIA DE UMBANDA

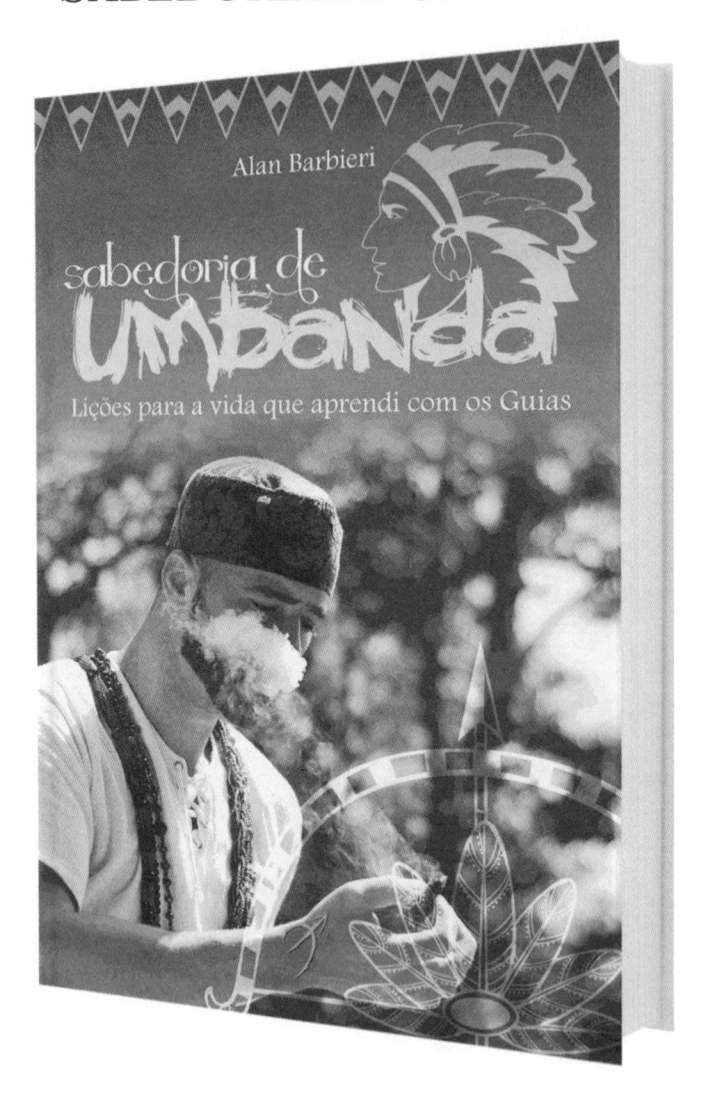

O livro de estreia de Alan Barbieri, o maior YouTuber de Umbanda do Brasil, e traz 61 reflexões e lições sobre a vida e a espiritualidade! Na compra do livro, ganhe de presente a palestra online "Por que a Umbanda te chamou"!

Conheça também...
Desvendando Exu

Descubra os segredos e mistérios de Exu na Lei de Quimbanda, seus Reinos e suas Hierarquias Espirituais em "Desvendando Exu: O Guardião dos Caminhos". Na compra do livro, ganhe de presente a palestra "Exu Maioral".

Conheça também...
O Poder das Folhas

No volume 1 da trilogia "As Folhas Sagradas" você vai aprender os segredos e mistérios para criar banhos e defumações de poder e identificar os poderes das ervas sagradas! Na compra do livro, você ainda ganha o curso online de presente!

Conheça também...
A Magia das Folhas

O volume 2 da trilogia As Folhas Sagradas é o maior dicionário de magia do Brasil: são 365 plantas e seus poderes para criar os seus banhos e defumações de poder! Na compra do livro, você ainda ganha o curso online de presente!

Conheça também...
O Segredo das Folhas

No volume 3 da Trilogia As Folhas Sagradas, você vai aprender truques e dicas sobre como manipular as ervas e plantas sagradas na sua casa, como proteger o seu lar das energias negativas com vasos e arranjos vegetais e muito mais!

Conheça também...
Comida de Santo Que Se Come

O Chef Carlos Ribeiro e o Babalorixá Vilson Caetano Junior nos convidam a experimentar os sabores e os saberes ancestrais na companhia dos Orixás, com 35 receitas inspiradas em suas comidas sagradas.

Conheça também...
Deuses Guerreiros

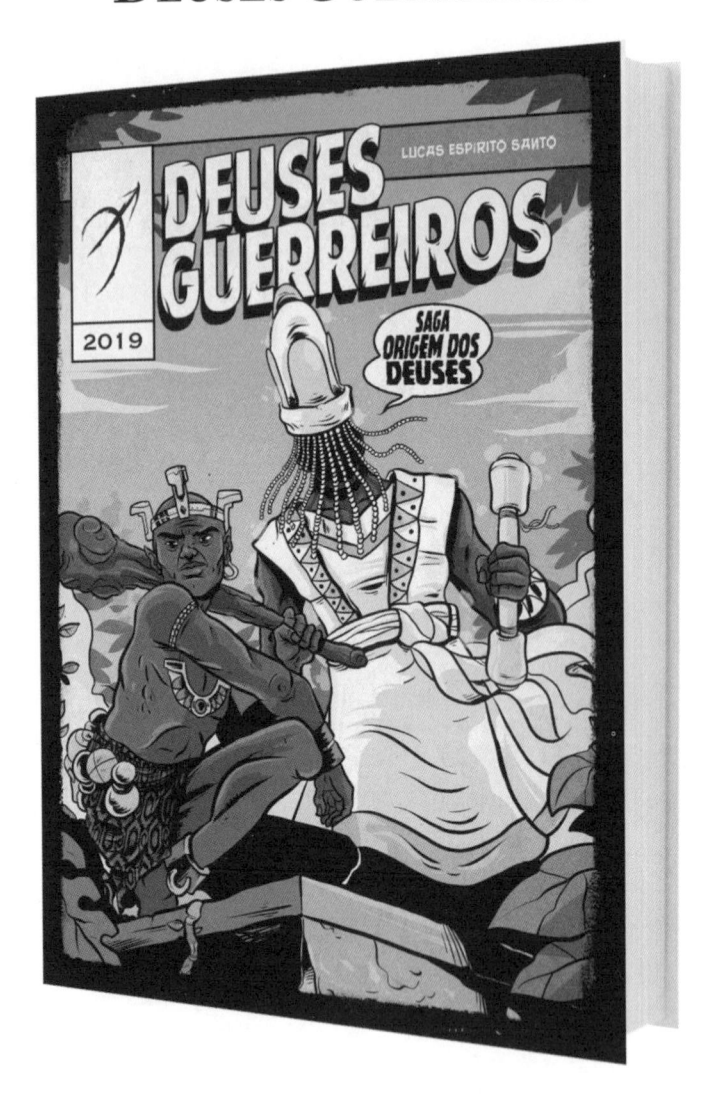

Os Orixás dão origem à Terra, iniciando uma grande batalha divina pelo poder da criação, na qual os guerreiros Exu, Ogum e Oxóssi tomarão parte nas batalhas para defender o reinado de Obatalá contra os ataques dos terríveis Aiyê-Iku.

Conheça também...
Conhecendo os Orixás

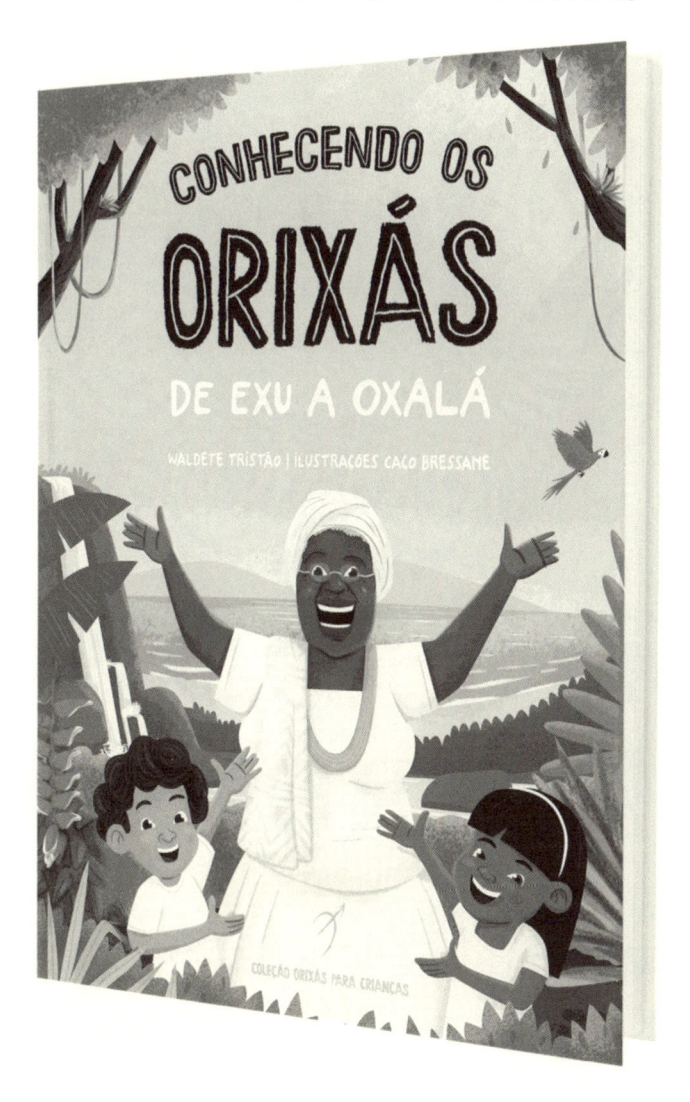

Em "Conhecendo os Orixás: De Exu a Oxalá" as crianças aprenderão de maneira divertida quem são os principais Orixás das religiões afro-brasileiras, quais os poderes da natureza que comandam e suas características sagradas!

Segredos do Sacerdócio

Como abrir, fundamentar e liderar um terreiro de Umbanda

Uma publicação da Arole Cultural

Acesse o site

www.arolecultural.com.br